U0330601

深圳市坪山区
道路交通设施安全治理
探索与实践

深圳市坪山区交通轨道管理中心
宇恒可持续交通研究中心 编著

中国建筑工业出版社

审图号：GS（2022）1873号

图书在版编目（CIP）数据

深圳市坪山区道路交通设施安全治理探索与实践／
深圳市坪山区交通轨道管理中心、宇恒可持续交通研究中
心编著．—北京：中国建筑工业出版社，2022.12
ISBN 978-7-112-28218-0

Ⅰ．①深… Ⅱ．①深… ②宇… Ⅲ．①城市道路—交
通设施—安全管理—研究—深圳 Ⅳ．①U412.37

中国版本图书馆CIP数据核字（2022）第233962号

责任编辑：姚丹宁
书籍设计：锋尚设计
责任校对：王　烨

深圳市坪山区道路交通设施安全治理探索与实践

深圳市坪山区交通轨道管理中心
宇恒可持续交通研究中心　编著

*

中国建筑工业出版社出版、发行（北京海淀三里河路9号）
各地新华书店、建筑书店经销
北京锋尚制版有限公司制版
北京富诚彩色印刷有限公司印刷

*

开本：850毫米×1168毫米　1/16　印张：10　字数：208千字
2023年8月第一版　　2023年8月第一次印刷
定价：**145.00**元
ISBN 978-7-112-28218-0
（40614）

序言

安全是人类最基本的需求，道路交通安全与人民群众生活息息相关，深圳市已将交通"零死亡"作为城市交通发展的愿景，力求打造全球领先水准的交通安全城市，营造安全有序、文明法治的道路交通安全环境。对标深圳市相关发展目标，坪山区以产业立区，正处于大开发大建设时期，从"人、车、路、环境、管理"全方位提升交通安全水平，显得更为迫切和重要。

为此，坪山区牢固树立以人为本的发展理念，把交通安全作为城市交通发展最重要的目标，学习并借鉴国内外先进城市的经验和做法，结合坪山区实际，积极探索完善交通安全隐患排查、整治、评估、提升、公众参与等全链条治理机制，相继实施了道路交通安全治理"马峦模式"、非机动车道完善专项行动、学校周边交通安全提升专题治理、城中村交通安全提升专题治理、占道施工路段交通安全提升专题治理等一系列工作，注重以小切口、小投入、微整治推动精准化、系统化治理。在坪山区的持续坚持和努力下，道路交通安全水平得到了显著提升，相关做法也得到深圳市交通部门和兄弟区的高度认可，并逐步推广应用。

本书系统总结了坪山区道路交通安全工作的理论体系和应用实践，希望本书能为城市道路交通安全领域的管理者、从业者以及关注城市交通发展的各界人士提供参考，并与业界同仁共同探索符合本地区城市道路交通安全治理方法，为预防和减少交通安全事故贡献绵薄之力。

目录

════

第1章 引言

根据世界卫生组织发布的《2022年世界卫生统计》数据，全球每年大约有130万人丧生于道路交通事故，另有2000万至5000万人受到非致命伤害，许多人因此而残疾[1]。在全球范围内，道路交通伤害是5–29岁儿童和年轻人的主要死因。道路交通碰撞带来的损失占大部分国家国内生产总值的3%[2]。道路交通死亡者中约有一半是"弱势道路使用者"，即行人、骑行者和摩托车手。

交通事故是人类主要死因之一（图1-1），交通安全是重大民生事宜，受到各国政府和民众的广泛关注，世界各国在交通设施安全设计与规划方面开展了全面、深入的研究，提出了道路安全系统方法、人因理论、交通安全设计4E原则等多种交通安全设计理念。本书以当前国际广泛使用的道路安全系统方法为理论基础，并结合深圳市坪山区的交通安全设施设计与提升实践，总结出交通设施的6条安全设计原则：慢（限速、稳静化）；柔（柔性材料、容错设计）；细（精细化设计，包括视距、照明、标志标线、无障碍设施设计等）；全（全周期的安全规划、设计、建设、排查、治理）；离（机动车道、非机动车

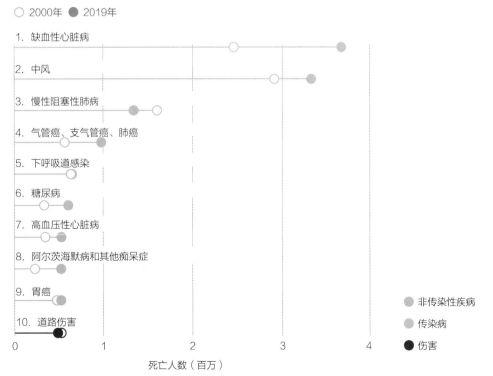

图1-1　全球中高收入国家十大死亡原因分布[3]

道、人行道路权分离，快速与慢速分离）；连（连续、连通），根据上述交通安全设施设计原则来指导坪山区交通设施建设和治理的实践活动。本书旨在总结坪山区在治理和提升道路交通设施安全方面取得的经验和心得，与业界同仁共同探索符合中国国情的交通安全治理方法。

　　深圳市坪山区自成立以来，在人口和经济快速增长的背景下，交通治理面临的挑战和压力不断增长，针对坪山区的道路交通特点及坪山区典型交通事故类型，坪山区道路设施交通安全治理围绕4个系统、3个场景、3个机制展开（图1-2）。第3章至第6章，分别介绍了非机动车道系统、步行系统、货运交通为主的机动车道系统、交叉口系统的交通安全提升及设计策略与实践，系统提升各种交通方式的安全水平；第7章至第9章，分别介绍了学校周边、城中村（老旧小区）、占道施工路段等交通安全高风险节点及重点场景的专题交通安全治理策略与实践，着重防范安全风险；第10章至第12章，通过道路交通安全审查机制、隐患排查机制、常态化治理机制3个保障机制，从源头上减少道路交通设施安全隐患，并从制度上保障道路交通安全设施的持续改善和提升。

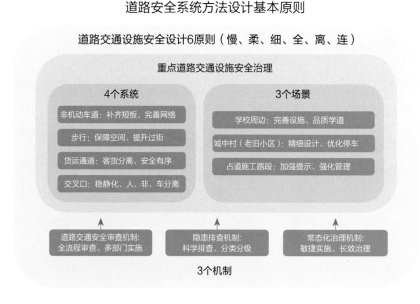

图1-2　坪山区道路交通安全治理体系

第2章 坪山区交通安全形势与治理策略

2.1 基本情况

坪山区地处深圳市东北部，西邻龙岗，南接盐田、大鹏，东部、北部与惠州市惠阳区、大亚湾区分别接壤，是深圳市与惠州市衔接的重要区域，是深圳实施"东进战略"的桥头堡（图2-1）。坪山区的前身是深圳市大工业区，于1997年正式动工建设，并设大工业区管理委员会实施管理。2009年，坪山新区成立，设坪山新区管理委员会；2017年1月7日，坪山区举行揭牌仪式，正式成为行政区。辖区总面积168平方公里，常住人口55万人，下设6个街道，23个社区。

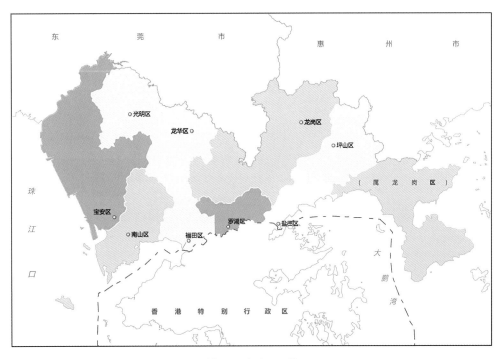

图2-1 坪山区区位

"十三五"期末，坪山区次干路及以上道路网总里程达到199.76km，全区路网结构进一步完善，整体路网密度达到6.44km/km²，但仍低于深圳市平均值（图2-2）。坪山区的公共交通服务以常规公交为主，尚未开通轨道交通[1]，截至"十三五"期末，坪山区共开通常规公交线路221条，公交线网密度1.26km/km²，在深圳市处于较低水平（图2-3）。坪

---

1 本书研究背景截止到2022年上半年。地铁14号线于2022年10月28日正式通车。

图2-2　坪山区现状区域路网　　　　　　　图2-3　坪山区现状公交场站及专用道

山区总体交通设施供给尚存在较大提升空间，交通设施供给的不足以及现有基础设施功能不完善所导致的人车混行、流线交织、交通拥堵等问题为坪山区交通安全带来了较大的挑战。

　　"十三五"期末，坪山区的慢行出行比例为77.8%，机动化出行比例为22.2%，其中慢行出行比例显著高于深圳全市平均水平，因此对非机动车道和人行道等慢行设施的需求较高。此外，坪山区缺少共享单车投放，因此区内的非机动车大多为私人拥有且电动自行车占据了相当比例，对电动自行车出行的交通安全治理和提升成为重点（图2-4）。同时，由于坪山高新区是深圳国家高新区两大核心园区之一，拥有比亚迪、中芯国际等一大批高新技术企业及综合保税区等大型物流园区，从而呈现货运交通需求高的特点，2020年坪山区货运交通出行量达到9.8万pcu/日（图2-5）。货车等大型车辆在道路通行引发的客货混行、视野盲区等交通安全风险也是坪山区交通安全治理重点之一。

图2-4　坪山区电动车大军

图2-5　坪山区货运交通集中区域分布

2.2　交通安全形势

2.2.1　深圳市坪山区面临的交通安全挑战

作为深圳市较为年轻的行政区，坪山区的道路设施比较薄弱，交通安全形势不容乐观，主要表现为：

1. 非机动车和行人亡人事故高发

在2014—2018年期间，坪山区102起交通亡人事故中（不含2016年数据），涉及53起非机动车亡人事故与43起行人亡人事故，共占交通亡人事故总体的94%（图2-6），充分说明坪山区非机动车和行人出行环境存在较大安全隐患。

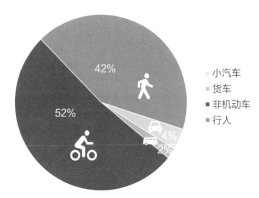

图2-6　坪山区2014—2018年交通亡人事故类型

2. 货车是导致亡人事故的最主要原因

在2014—2018年期间坪山区发生的交通亡人事故中，货车是造成非机动车和行人死亡的主要交通方式，由货车肇事导致的死亡事故比例占到事故总数的49%（图2-7）。

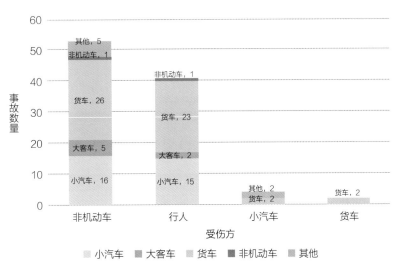

图2-7　坪山区2014—2018年交通亡人事故肇事方交通方式

3. 儿童及青少年受到交通事故伤害严重

在2014—2018年期间坪山区发生的交通亡人事故中，0-14岁的儿童及青少年事故比例达到13%（图2-8），占据了相当比重。儿童及青少年日常出行以慢行为主，出行距离较短，出行路径固定，基本围绕家和学校周边。在较低的出行量和熟悉的出行环境中，儿童交通事故依然多发，说明上学路的安全迫切需要得到提升。

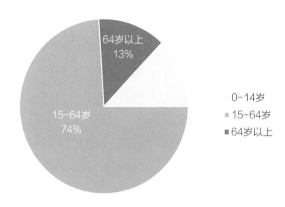

图2-8　坪山区2014—2018年交通亡人事故中死者年龄分布

通过对坪山区交通事故原因的挖掘及调研，坪山区存在的交通安全风险主要体现在以下几个方面：

1. 城市功能定位不断提升，道路基础设施薄弱，城中村和施工工地多

坪山区近十年来，城市功能定位由大工业区，坪山新区、行政区到深圳东部中心实现了大幅提升和调整，城市规划和开发建设发生了巨大的变化，目前既有开发建设较完善的坪山中心区，开发强度高，都市化特征明显，交通出行量大，由于公共交通不够完善，小汽车出行需求大，交通出行压力和交通拥堵问题日益突显。又存在大量老城区、城中村等交通设施不完善的片区，辖区内原坪山街道、坑梓街道有大量老城区，人口密度高，采用步行、电动车等交通出行方式的比例高，但旧城内往往路网密度低、道路空间狭窄，机非混行现象突出，停车位供需矛盾明显。同时还保留了大量旧村，多以城中村的形式存在，道路交通基础设施和交通管理水平较差。由于规划调整和开发建设时序不一致，辖区内交通特征复杂，交通基础设施需求和供给不匹配等问题突出。

作为深圳市较为年轻的行政区，坪山区"十三五"期末次干路及以上道路路网密度为3.3km/km²[13]，尚未达到《深圳市城市规划标准与准则》（以下简称"深标"）低限（表2-1）。除路网密度低外，坪山区的道路还存在断头路较多的问题，整体路网不完善，区内部分道路由原村道及公路改建而成，建设标准较低。道路功能不完善，慢行不成体系，路口设置不规范等问题突出。

坪山区现阶段正处于大开发、大建设的关键阶段，大量市政交通基础设施加速推进、

坪山区"十三五"期末路网情况　　　　　　　　　　表2-1

道路等级	"十三五"期末路网情况		深标
	道路里程（km）	道路网密度（km/km²）	道路网密度（km/km²）
高速公路	9.28	0.15	0.3-0.4
快速路	22.03	0.36	0.4-0.6
主干路	83.51	1.38	1.2-1.8
次干路	84.94	1.40	2.1-3.2
次干路及以上合计	199.76	3.30	4.0-6.0

地铁14号线、16号线等多个轨道交通也处于在建阶段，城市更新和新建项目多，产生了大量的占道施工和泥头车运输需求，给道路带来更多安全隐患。

2. 历史原因欠缺非机动车专有路权，新建非机动车道人非共板多

1996—2005年，随着深圳市居民收入水平的提高，机动化出行需求快速增长，交通拥堵不断加剧，同时自行车经历了衰退期。交通综合治理采用了三块板道路改造工程，包括取消非机动车道、增加机动车道路设施供给、新建道路不再设置非机动车道等措施。由于上述历史原因的影响，坪山区交通安全工作开展前，坪山区城市道路上非机动车道的设置率较低。2018年，坪山区城市道路总长度为381km，其中有非机动车道的道路总长度为123km，占比32%；无非机动车道的道路总长度为258km，占比68%。

坪山区多数非机动车道均以人非共板的断面形式设置，存在安全隐患。坪山区现有的非机动车道分为三类：有物理隔离的机非共板非机动车道、划线隔离的机非共板非机动车道以及人非共板的非机动车道。截至2018年，这三类非机动车道共有88条，总道路长度为123km。其中有物理隔离的机非共板非机动车道有12条，道路总长度为39km；划线隔离的机非共板非机动车道有4条，道路总长度为9km；人非共板的非机动车道有69条，道路总长度为75km。许多人非共板的道路上虽有明确的路权指示标志，但少有骑行者依照指示标志行驶。道路上因人非或机非混行，时常出现抢道等冲突，骑行者在人行道上骑行，步行者在非机动车道上行走，非机动车在机动车道上行驶等问题屡见不鲜。在坪山区非机动车的出行中，电动车占比大、速度较快，人非共板的设置方式存在较大的安全隐患。

3. 大工业区转型而来，货运需求较高，道路客货混行

坪山区作为深圳东进战略的桥头堡，也是深圳都市圈的几何中心，承担了大量的过境交通，尤其是盐田、龙岗等多地区往惠州及粤东方向的过境货运交通，在一定程度上导致坪山区主要对外干道上客货交通混杂。与此同时，由于坪山区的前身是"深圳大工业区"，具有较强的工业基础，区内分布了200余个产业园、物流园区、大型货运基地（如坪山综合保税区等），产业发展迅速，内部货运集散需求也日益增加，货运车辆广泛行驶在城市道路上。而大型货车与小汽车、非机动车、行人等在大小、质量等方面存在巨大差异，在同一空间内行驶更易导致交通事故的发生，增加与客运系统交通冲突的风险。

4. 儿童在出行中处于弱势地位，面临交通安全风险高

深圳市于2018年制订了建设儿童友好型城市的战略，而坪山区作为深圳城市东部中心，吸引了大量的高端就业人才来此居住，高水平的安全教育环境是坪山区吸引人才的基础，也是落实儿童友好型城市的关键任务。儿童由于个子较小在交通中往往处于弱势地位，他们很难分辨周围的交通状况，司机和其他人也不容易发现他们；同时儿童在理解各种景象和声音方面较成人更困难，从而影响其判断正在移动的车辆的距离、速度和方向，加剧了交通安全风险。坪山区建区时间较短，城市面貌新旧交错，部分位于旧城旧村内的学校周边交通环境较差，儿童上下学面临更多交通安全风险。

2.2.2　坪山区交通安全设计着力点

基于坪山区交通基础设施供给不足及慢行出行比例高的基本区情，结合坪山区交通事故特点及交通安全所面临的挑战，坪山区以补齐交通系统短板为出发点，以交通高风险场景治理为重点，总结出坪山区道路交通设施安全治理的4个基础系统和3个高风险场景。

4个系统分别是非机动车道、步行空间、货运通道以及交叉口。上述系统是坪山区交通事故多发点位，也是重点需要补齐交通基础设施短板的点位。

3个场景分别是学校周边、城中村（老旧小区）和占道施工路段，上述场景是坪山区最为典型的交通风险高发场景，也是提升交通设施安全的关键节点。

2.3　交通设施安全治理理念与原则

2.3.1　道路交通安全的影响因素

与道路交通安全直接或间接相关的因素有4大类，即：

人：泛指广义的道路使用者，含机动车驾驶员、非机动车驾驶员、乘客、所有行走在道路上的行人等。

车：泛指广义所称的车辆，指行驶在道路上的车辆，含机动车辆、非机动车辆。

路：构成道路系统的所有组成部分，道路路权范围内的土木工程与各种软硬件设施均属"路"的一部分。

环境：包含法律环境与自然环境两大类。其中，法律环境包括交通安全与管理的相关法规、政策以及对道路使用者具有约束力的政府规章文件等，此外，执法尺度的松紧强弱等亦为法律环境范畴。自然环境则与气象条件有关，例如雨、雪、雾、霾、暴风、阳光、沙尘暴等。

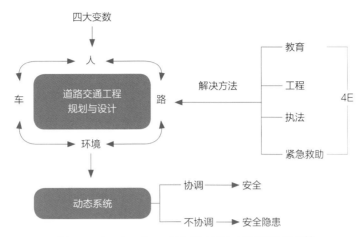

图2-9 人、车、路、环境与解决道路交通问题的途径[4]

传统道路交通工程与管理领域中，解决道路交通安全问题的途径通常称为"4E"，即：教育（Education）、工程（Engineering）、执法（Enforcement）、紧急救助（Emergency Aide and Care）（图2-9）。

2.3.2 道路安全系统方法基本概念

道路安全系统方法（Safe System Approach）提出用整体的方式看待与道路使用者、车辆及道路环境相关的危险因素和干预措施，从而提高道路安全预防措施的有效性。道路安全系统方法主要基于瑞典的"零伤亡愿景"和荷兰的"可持续交通安全"理念，目标是交通系统内不发生死亡或重伤。基于"人类容易犯错"的理念，即无论是步行、骑车还是开车，人们犯的错误都有可能导致交通事故继而产生伤亡，道路安全系统方法将错误的产生纳入预期之中，并强化道路交通系统在人们犯错误时的安全防范能力。该方法为审视道路交通事故风险和制定干预措施提供了可靠框架，在全球许多国家和地区都取得了明显的效果。

道路安全系统方法以"死亡和受伤是不可接受的和可避免的"为前提，这种方法旨在确保道路使用者不会在碰撞中接受导致死亡或严重长期伤残的动能交换。经合组织将安全系统视为道路安全方面的最佳实践，并指出道路安全系统方法推动了传统道路安全思维的根本转变，重塑了交通安全的管理方式。

道路交通安全系统方法6条原理如下[5]：

（1）人在道路系统中难免犯错，系统需要有容错能力；

（2）人体在事故碰撞中的耐受能力有限，易受伤害；

（3）道路系统的各个参与方应共同对道路安全负责，从道路规划、设计、建造、管理、车辆、事后救援等相关环节综合考虑，合力提升安全程度；

（4）交通系统应包含多层防护措施，为道路使用者提供多重保护，同时应尽量减少每个防护层的漏洞和隐患，即使当某一层失效时，系统的其他防护层仍能提供保护；

（5）交通系统应高效且安全，交通事故导致的死亡或重伤是不可接受的；

（6）在构建安全交通系统时，应采取积极主动的方式，而非在事故后才作出反应。交通安全管理措施应有数据支撑，并以效果为导向。

这种方法比传统方法进步之处在于：考虑人的生理特点和犯错可能性，将干预的重点放在更安全的车辆、道路和道路使用者上，鼓励将安全因素直接整合至道路网络和车辆的安全设计当中，而不是在交通事故发生之后才进行反思。"车辆和道路"作为系统的工程化要素，在设计时应与"人"这一要素相匹配，当可能发生事故时，整个系统应能够实现使人受到的伤害最小化。

道路安全系统方法高度重视保护行人、骑行者等弱势群体，因为其面对交通事故时最容易受伤或死亡。此外，还强调道路设计也应对交通安全承担责任，即除了传统的执法和教育外，还应通过安全的街道设计来保护道路交通弱势使用者，比如能够降低车速的街道设计，构建步行、骑行的安全空间等。道路安全系统方法的行动领域包括城市规划与土地利用、交通选择与出行模式、道路工程与设计、速度管理、法规与执法、教育及能力建设、车辆设计和技术、事故应急响应和医疗8个方面[6]。本书将重点从道路交通设施工程设计领域总结坪山区的有关经验做法及成效。

2.3.3　道路安全系统方法应用案例

道路安全系统方法始于荷兰和瑞典，并在随后近30年的应用中得到了完善和发展。作为预防重大事故和降低死亡率的有效方法，其被写入《联合国道路安全十年全球行动》、OECD经合组织《迈向零愿景》中，并作为指导方法在全球广泛推广。根据世界资源研究所的相关研究，相比于传统方法，许多国家和地区采用道路安全系统方法之后，道路交通死亡率明显下降。

（1）荷兰：可持续安全（Sustainable Safety）

"可持续安全"愿景是荷兰在解决道路安全问题时提出的，目的是降低不同道路使用者直接冲突的概率，最大化实现道路安全。2018年，荷兰提出2050年道路交通事故零死亡的目标[6]。

荷兰可持续安全的发展经历了三个阶段（表2-2）：

第一阶段：1992年，荷兰提出了可持续安全道路交通的设想。1995年启动了少量示范项目，1997年最终通过了《可持续安全启动方案》（以下称《启动方案》）。《启动方案》中阐述了可持续安全理念的三原则，包括道路的功能性、交通流的同质性以及道路设计的可预测性和可识别性。《启动方案》还包括了中央政府、区域和地方政府之间的24项协议，为进一步推行可持续安全措施创造了财政支持基础，极大地促进了各部门采取协调一致的方法来解决日益严重的道路安全问题。

第二阶段：2005年，荷兰政府推出第二版《可持续安全》，充分考虑道路使用者的认识水平，增加对道路使用者的宽容性，进一步强化道路容错设计。

不同阶段《可持续安全》的交通安全原则[6]　　　　　　　　表2-2

可持续安全启动方案 （1992—2010年）	推动可持续安全 （2005/2006—2020年）	可持续安全第三版 （2018—2030年）
• 道路的功能性 • 交通流同质性 质量、速度、方向 • 可预测性 道路设计能引导道路使用者作出与设计预期一致的交通行为	• 道路的功能性 • 交通流同质性 质量、速度、方向 • 宽容性 人难免犯错，道路设计应具有容错纠错空间 • 可预测性 道路设计能引导道路使用者预知道路线形变化，及作出与设计预期一致的交通行为 • 对状况的认知 道路使用者对当前交通情况的认知和评估	• 道路的功能性 • （生物）力学 减少交通流在速度、方向、质量和尺寸上的差异，同时增加对道路使用者的保护 • 心理学 道路交通设计应符合道路使用者的认知逻辑与心理预期 • 有效划定责任 • 交通系统学习与创新

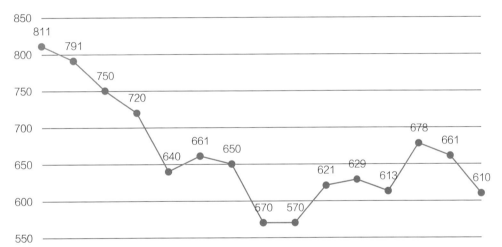

图2-10　2006—2020年荷兰道路交通死亡人数

第三阶段：2018年，荷兰政府推出第三版《可持续安全》，将愿景转向可持续安全的道路交通系统，目标是构建最大程度安全的交通系统。该愿景认识到社会中不同群体的出行需求面临的交通安全风险不同，因此对非机动车和行人等弱势群体的保护更加重视，并基于不同道路使用者的心理特点设计了更加可理解、可感知、可信任的交通系统。

从2006年至2020年期间，荷兰道路交通死亡人数净下降了25%（图2-10）[7]，每10万人交通事故死亡人数从2006年的4.98人/10万人下降到2020年的3.5人/10万人，是欧盟国家中交通安全水平最高的国家之一。

（2）伦敦：道路安全行动计划

伦敦在《市长交通战略》中提出面临道路危险时的"零伤亡愿景"，目标是到2030年，伦敦由公交引起的交通事故零死亡；到2041年彻底消除伦敦街道上的重伤和死亡交通事故。

伦敦道路安全行动纲领以道路安全系统方法为指导，从速度管理、安全街道设计、安全车辆、安全行为、事故后处理等多个行动领域着手提升道路安全（图2-11）。在速度管理方面，伦敦拥堵收费区内的主要道路在2020年5月前全部实现限速30km/h以下[9]；在道路设计方面，通过交叉口路面窄化来降低车速并减小行人过街距离，通过人行横道彩色铺装来提高机动车驾驶员的注意，通过在支路交叉口做抬起式人行横道来迫使驾驶员降低车速（图2-12）；在安全车辆和安全行为方面，重点提高大型车辆的安全标准和大型车辆驾驶员的安全教育。

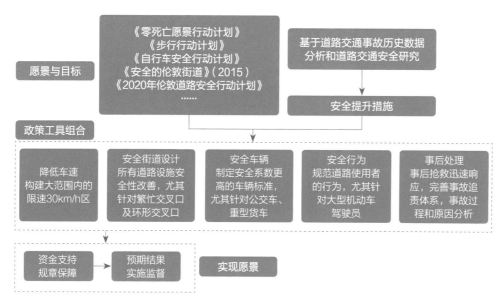

图2-11　伦敦道路安全行动计划与安全提升框架

图2-12　伦敦20英里（约32千米）每小时限速与人行横道抬起[9]

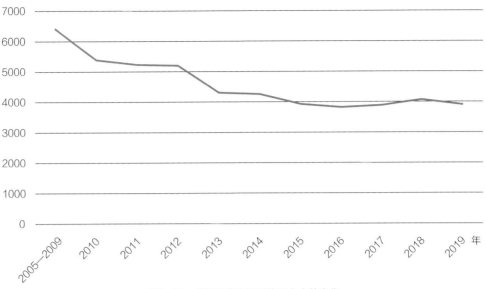

图2-13 伦敦道路交通重伤死亡人数变化

通过政策工具组合，伦敦显著提升了城市的交通安全。2019年，伦敦道路交通事故中重伤死亡人数较2005—2009年平均数值下降了39%（图2-13），每10万人交通事故死亡人数1.39人，交通安全水平位居全球城市前列[8]。

（3）新加坡：道路交通安全行动框架

新加坡被认为是在道路安全方面表现最好的国家之一，并且是"全球道路安全倡议行动"10个示范城市之一。新加坡在"2040陆路交通发展总蓝图"中提出了更加安全的"零死亡"道路环境愿景，未来将重点加大教育和执法力度，并重新优化道路和流线，以减少不同道路使用者的交通冲突。

新加坡的道路交通安全治理以道路安全系统方法为指引，采取了一系列行动来提升道路安全水平，主要包括5个方面：一是执行严格的车辆进口与管理政策，只允许进口采用国际公认的高安全技术标准生产的车辆，车辆安全性需要符合陆路交通管理局（LTA）发布的有关规定；二是加强道路安全教育和驾驶员教育（图2-14）；三是实行项目安全审查制度（PSR），在项目规划、设计、建设和验收阶段实行全面的安全审查（表2-3）；四是广泛应用测速摄像头检查超速，应用闯红灯自动抓拍系统记录违法闯红灯行为（图2-15）；五是采用各种交通稳静措施降低车速（图2-16）。

从2010年至2019年，新加坡每10万人道路交通事故死亡人数从2010年的3.8人下降到2019年的2.05人[10]，道路交通安全水平得到显著提升（图2-17）。

（4）中国台湾省：道路交通"零死亡"愿景

中国台湾省以追求道路交通"零死亡"为愿景，在2019年设定了具有挑战性和可行性的中期与长期目标。中期目标设定为未来3年道路交通事故30日内死亡人数快速"脱10"，即每10万人口道路交通事故死亡人数低于10人。长期目标设定为未来10年死亡人数

图2-14   新加坡交通规则安全教育活动[11]

新加坡道路安全审查制度流程   表2-3

阶段	责任部门	职责
详细设计方案准备	承包商/交通顾问	准备项目简介和详细设计方案
	LTA（陆路交通局）项目团队	设计方案原则批准
安全审查执行	独立的安全审查团队	准备安全审查报告草案
	LTA团队承包商/交通顾问	审议通过安全审查报告草案
	独立的安全审查团队	准备安全审查报告终稿
响应方案准备	承包商/交通顾问	对安全审查报告准备响应方案
审计 签署 实施	LTA项目团队	批准安全提案
	LTA安全部门	审计安全提案
	PSR委员会（道路）	签署安全提案
	承包商/交通顾问	现场实施详细设计方案

减少30%，即2030年道路交通事故30日内死亡人数相较2019年减少30%[12]。

依据愿景与目标，中国台湾省提出"完备道安法规制度，强化主动事前预防"及"善用科技与管理，强化道路交通安全"两大道路安全政策和10项具体策略（图2-18），包括加强道安管理与合作、深化交通安全教育、发展更安全的车辆、安全人本的交通环境改善、强化运输企业的安全管理等，并针对各项策略，制定了短中长期行动方案。以安全人本的道路环境策略为例，共包括4项行动计划：第一是合理分配道路空间，提升行人和非机动车通行环境安全（图2-19）；第二是推动无障碍服务与设计；第三是进行速度管理，引入安全系统方法，加强道路容错能力，为摩托车提供合理行驶空间，减少交叉口各种交通方式交织冲突（图2-20）；第四是持续推动交通宁静区，提升学校、医院、社区周边交通安全。

图2-15　新加坡闯红灯自动抓拍设施及"乐龄安全区"（Silver Zone）限速标志[11]

图2-16　新加坡道路交通稳静化设计[11]

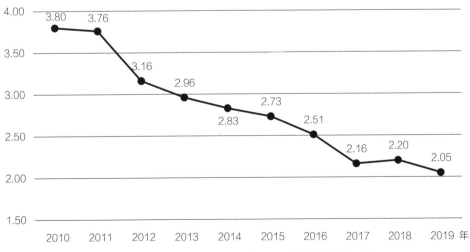

图2-17　新加坡2010—2019年每10万人道路交通死亡人数

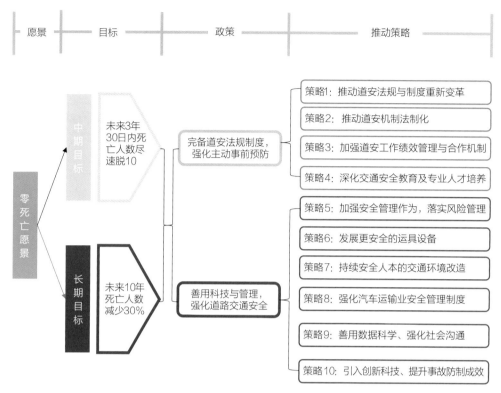

图2-18   愿景、目标、政策及推动策略与整体框架（中国台湾省）

图2-19   路侧摩托车停车位（中国台湾省）

图2-20   摩托车、自行车两段式过街及专用等候区
（中国台湾省）

（5）小结

上述国家和地区在制定交通安全目标与愿景时，虽然采用的名称与道路安全系统有所差别，但在政策制定上均高度体现了道路安全系统方法的基本理念与原则。包括对"交通事故导致的死亡是不可接受的"目标的追求、对交通系统容错性的重视，以及对自行车和行人等弱势群体出行安全的保护等。道路交通安全系统方法已经成为在全球多个国家和地区治理道路交通安全时普遍采用的指导思想与原则。

2.3.4　道路交通设施安全治理六原则

结合道路安全系统方法的6条基本原理，以及近年交通设施安全治理的实践经验，坪山区在道路设施安全治理中形成了6条核心原则，并贯穿在其道路交通安全治理的各项工作中，具体如下：

（1）慢：通过稳静化的设计手段及相关限速要求，在关键路段（交叉口、学校周边等）降低机动车的速度，减少发生重伤、死亡事故的概率。

（2）柔：通过各种柔性材料的使用及容错设计手法，保障能够消解车辆撞上护栏或边坡后所受的应力，降低事故对人体带来的冲击力，从而减轻伤害。

（3）细：对交通设施安全设计的精细化考虑，包括符合标准的视距、完善的标志标线、清晰的照明、平整的无障碍设施等。

（4）全：道路规划、设计、施工、使用等全流程的交通安全设计审查机制，多部门共同参与的交通安全设施保障机制等。

（5）离：通过设计路权分离的机动车道、非机动车道、人行道，降低快速交通与慢速交通的交织风险，从而减少重伤死亡事故的发生概率。

（6）连：建立连续、完整的非机动车道系统、人行道系统和过街设施，从而实现非机动车和行人在各自系统内高效、连续的出行，降低因为系统不连续因素导致的行人、非机动车随意穿越机动车道带来的事故风险。

2.4　交通设施安全治理目标

《坪山区综合交通"十四五"规划》提出，到2025年基本建成"高效便捷、绿色安全"的现代化综合交通体系并针对交通安全制定了具体的目标要求，即2025年坪山区道路交通死亡率控制在0.22人/万人以下，比2020年死亡率下降超过12%。持续提升全区交通安全水平，增强人民群众的获得感、幸福感、安全感，实现以下交通安全治理目标：

（1）打造安全高效的城市交通出行体系：补齐坪山区交通设施短板，强化交通设施安全设计，实现交通运行安全高效。

（2）创造安全、便捷、舒适的交通出行环境：融入"微设计、微改造"工作理念，通过对既有交通设施和环境的专项整治，提升交通环境品质。

2.5　交通设施安全治理策略

根据区内交通安全形势与特点，坪山区的交通设施安全治理的着力点主要集中在非机动车道、行人空间、货运通道以及交叉口4个系统和学校周边、城中村（老旧小区）、占道施工路段3个场景。近年来，坪山区围绕上述系统与场景开展了专项治理工作，以道路交通设施安全治理6原则为指导，提出7大治理策略，并通过道路交通安全审查机制、隐患排查机制、常态化治理机制3个保障机制从制度上保障道路交通安全水平的持续长期改善。具体的治理策略与保障机制如下：

（1）补齐短板、重构非机动车道系统

重构安全、连续、可达的非机动车交通网络，通过物理隔离、通道专属等多种措施加强机非隔离、人非隔离，建设行人、非机动车、机动车"三分离"的道路系统，提高慢行出行安全水平。

（2）保障步行、提升过街设施安全

通过加密步行网络、合理增加步行过街设施、加强公交站点周边步行衔接通道等措施，构建连续、通畅的步行道路系统；加强步行道路上违章停车管理、改善非机动车与步行混行情况、对步行道与过街通道精细化设计，保障独立、平整、完善的步行空间，提升步行安全。

（3）客货分离、改善货运通道安全水平

设立货运交通安静区域与网络化货运通道系统实现客货分离；货运通道增加柔性设施、减少交通伤害风险；通过施划右转弯内轮差危险区警示带等方式，重点治理大货车由于视野盲区导致的路口锐角相交风险。

（4）加强稳静化与流线组织、减少交叉口冲突

针对交叉口普遍存在的缺少非机动车过街通道、右转机动车车速过快、行人和非机动车一次过街比例低等问题，通过加强稳静化设计、增加连续的非机动车过街带、优化相位减少机非冲突等方式，改善交叉口交通秩序、减少交叉口交通冲突。

（5）完善校园周边设施、打造品质安全学道

针对校园周边交通组织无序、停车缺少管理、学道功能不完善等问题，重点强化学校周边速度管理、分离机非流线、完善家长等候区和临时上落客空间、精细化管理周边交通，以打造品质安全学道、推动可持续交通发展和儿童友好型城市建设。

（6）城中村精细化设计、优化社区交通环境

通过完善交通设施、优化交通组织、完善进出口设计、挖潜停车空间、增加公共活动空间等措施，提升城中村交通品质，打造"安心、安全、安宁"的社区交通环境。

（7）深化占道施工交通组织与安全管理

针对占道施工项目，以"施工单位自查+专业人员普查"方式逐一排查交通安全隐患，通过优先保障慢行和公交、优化交通疏解方案、加强定期巡查、加强安全管理等举措，最大程度减少占道施工对市民出行的影响。

（8）全过程安全审查、多部门协同保障

在传统的设计流程之外增加道路交通安全审查，针对道路交通安全进行深入的研究和探讨，改善道路安全设计，最大限度地消除路段可能存在的安全隐患。

（9）纠根控源、系统排查

建立主动的道路安全隐患排查机制，全方位识别道路交通系统中存在的"不安全因素"，并对"不安全因素"的危险性划分等级，分类整改，提高城市道路交通安全性。

（10）建立敏捷实施、常态化治理机制

成立道路交通安全委员会，明确各部门交通安全治理职责，整合"条""块"资源，建立齐抓共管治理新格局；明确"微设计、微改造"的工作流程和实施机制，及时整改交通隐患。

第3章 补齐短板，重构非机动车道系统

非机动车交通在我国交通方式中一直占有较重要的地位，在短距离出行中非机动车具有公交车和小汽车无法替代的优势，其不受固定站点的限制，自主性大，可达性高，同时对道路的适应性强，受道路条件限制小，可以自由选择路径，遇交通堵塞时可以利用空隙和支路灵活自行疏散。

近年来，电动自行车势不可挡地成为非机动化出行的主要交通工具。据中国自行车协会统计，2021年全国电动自行车保有量超过3亿辆[14]。交通调查显示，坪山区电动自行车出行量与人力自行车出行量比例为9：1[15]。依据《中华人民共和国道路交通安全法》，非机动车应当在非机动车道内行驶；在没有非机动车道的道路上，应当靠车行道的右侧行驶；且电动自行车在非机动车道内行驶时，最高时速不得超过15km/h。然而，在没有非机动车道或人非共板的道路上，非机动车与机动车或行人混行，增加了交通安全风险。在机动车道上行驶的非机动车的平均速度为20km/h，而在城市干路上机动车速度为40km/h甚至更快；在人非共板的非机动车道上行驶的非机动车平均速度为15km/h，而行人的速度只有5km/h[16]。具有明显速度差的两种交通工具在一起混行时，容易产生追尾碰撞事故，速度差越大，追尾碰撞事故的严重性就越高。当非机动车与机动车混行在一个车道上时，机动车对非机动车构成强势威胁；而非机动车道与人行道共板设置时，非机动车对行人处于相对强势地位，威胁着行人的安全。因此，减少非机动车与机动车或行人的混行，是提升非机动车交通安全的重点。

3.1 重构连续的非机动车交通网络

安全、连续、可达的非机动车交通网络是非机动车高效运行的基础。城市非机动车交通网络包括城市道路范围内的非机动车道、自行车专用道，居住区、商业区、公园等内部的非机动车通道及街巷、里弄、胡同、绿道内的骑行空间等[17]。根据住房和城乡建设部发布的《城市步行和自行车交通系统规划标准》GB T 51439—2021要求，除城市快速路主路外，各级城市道路均应设置连续的非机动车道。

非机动车交通出行根据服务对象的不同可分为三种类型：一是中短距离通勤出行；二是公共交通接驳出行，扩大公共交通服务范围，解决最后一公里问题；三是旅游、健身类出行，整合生态资源。因此，重构非机动车交通网络需要综合考虑通勤、接驳、休闲三方面的需求。

3.1.1 构建宽敞舒适的通勤廊道

中短距离是较适宜非机动车交通的出行范围。调研[16]显示，坪山区7.5km以内的中短

距离通勤出行占比约65%，构建连续舒适的非机动车通勤廊道，可以引导这部分中短距离通勤出行更多采用非机动车出行。

对非机动车通勤廊道的选择，首先应该进行现状非机动车交通流量调查和未来交通需求预测，然后以此为依据识别高峰小时非机动车交通需求走廊，最终确定服务于通勤出行的非机动车交通主廊道。

通勤廊道要保证独立、连贯的非机动车路权，非机动车道宽度不应小于3.5m，机动车道与非机动车道之间有绿化带分隔。通勤廊道需要有良好的遮荫，行道树间距宜为4~6m；廊道上过街设施应完善，应设置非机动车左转等候区、非机动车信号灯、过街彩铺，非机动车流量较大的廊道可以设置非机动车交通信号绿波。廊道沿线应布置非机动车停车位，间距不大于50m，适当配备非机动车自助维修点等。廊道上公交站台应结合机非分隔带设置，避免公交停靠站占用非机动车道。廊道上应设置非机动车标识指示系统，如非机动车廊道地图、周边吸引点、周边服务设施等。鼓励设置智能非机动车设施，如统计非机动车通过量并实时显示的电子屏等。

3.1.2 围绕公共交通站点构建畅达的接驳网络

通常公共交通站点的步行吸引范围为300-750m半径的覆盖区域，而非机动车吸引范围则可以扩大到1500m半径的覆盖区域。引导"公共交通+非机动车"出行方式，能够扩大公共交通服务范围，提升公共交通站点的辐射力和吸引力。

构建非机动车接驳网络，首先要根据轨道站点和公交枢纽本体及周边用地，识别接驳区域，然后通过路径识别，将距离轨道站点和公交枢纽实际路径长度在1.5km内的区域划分为核心接驳区。核心接驳区内，应按照非机动车交通优先的原则进行规划设计。

接驳区内的主次干道主要承担居住区与学校、轨道站点或公交枢纽间的非机动车短途出行及接驳交通，以及向通勤廊道集散的非机动车交通，是构成非机动车接驳网络的主骨架，即接驳主廊道。接驳主廊道应设置高品质的非机动车道，非机动车道与机动车道之间应采用绿化隔离带或连续的机非隔离栏隔离，非机动车道宽度不小于2.5m。接驳区内的支路也应按照非机动车优先的原则进行设计，其中有条件设置独立非机动车道的支路应全部设置独立非机动车道，无条件设置独立非机动车道的支路应采用喷涂、标识等形式，设置共享非机动车道。

3.1.3 构建山水连城的慢行交通网络

坪山区自然景观丰富、人文底蕴深厚，结合区内生态环境、旅游景观及历史人文资源分布情况，利用慢行网络将自然、人文、历史串联起来打造彰显城市生态特质与人文精神的休闲慢行系统。该系统中慢行通道可分为滨水型、山地型及城市型三类，实现互联互通。

滨水型休闲道沿主要河流设置，联系周边滨水公园等吸引点。

山地型休闲道主要利用各郊野公园周边的既有道路设置，联系多个生态公园，直接服务于自行车爱好者。

城市型休闲连通道承担慢行休闲功能，在既有绿道和市政道路基础上，串联滨水型休闲道及山地型休闲道。城市型休闲道的非机动车道与机动车道之间应设置绿化隔离带，非机动车道宽度不小于2.5m，并应区分快慢道。

3.1.4　坪山实践

交通安全隐患整治工作开展前，坪山区城市道路上非机动车道的设置率较低，未能形成连续的非机动车道网络。2018年9月，坪山区城市道路总长度为381km，其中有非机动车道的道路总长度为123km，占比32%；无非机动车道的道路总长度为258km，占比68%（图3-1）。

图3-1　2018年坪山区非机动车道设置情况

坪山区于2018年底提出了打造"自行车友好城区"的总体目标，即构建与坪山区城市发展相适应、与公共交通良好衔接、与机动车发展相协调、管理有序的"全贯通、全覆盖、多场景、精细化"的非机动车交通系统，并进行了非机动车交通网络规划。

依据交通需求及服务类型，坪山区非机动车规划交通通廊可分为7个等级，分别是A级通勤主廊道、B级接驳主廊道、C级接驳连通道、D级接驳连通道、城市型休闲连通道、山地型休闲道及滨水型休闲道（图3-2）。

1. A级通勤主廊道

根据需求预测，确定非机动车通勤主要廊道，构建直接服务于中短距离通勤出行的非

图例
A级通勤主廊道
B级接驳主廊道
C级接驳连通道
D级接驳连通道
城市型休闲连通道
山地型休闲道
滨水型休闲道

图3-2　坪山区非机动车规划交通通廊分级

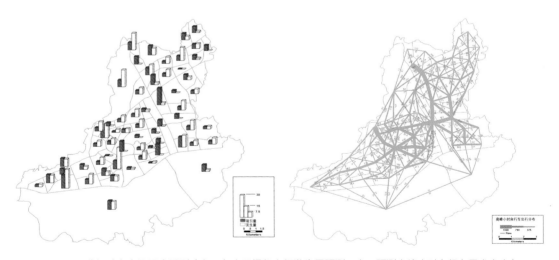

图3-3　非机动车交通需求预测（左：各小区慢行出行发生量预测，右：预测高峰小时自行车需求走廊）

机动车网络，延伸非机动车出行范围（图3-3）。

　　规划通勤主廊道共12条，包括金碧路—兰竹路廊道、比亚迪路、东纵路—金田路廊道、金牛路、丹梓大道、深汕路—马峦北路廊道、龙坪路、荔景南路、龙兴路—光祖路—兰景路廊道、创景路、聚龙路及坪山大道等坪山区重要通勤廊道。A级廊道总长108km（图3-4、图3-5、图3-6，表3-1）。

2. B级接驳主廊道与C、D级接驳连通道

根据规划轨道及云巴站点及周边用地，识别接驳区域。通过路径识别，将到规划轨道14、16号线及云巴一号线站点实际路径长度在1.5km内的区域划分为核心接驳区（图3-7）。

接驳区内的主次干道主要承担居住区与学校、轨道站点或公交枢纽间的非机动车短

图3-4　规划A级通勤主廊道

图3-5　A级通勤主廊道断面

图3-6 A级通勤主廊道示例

规划通勤主廊道一览表（按道路显示） 表3-1

编号	道路名	长度（km）	规划红线宽度（m）	现状非机动车道宽度（m）
1	金碧路	6.5	60	—
2	坪山大道	19	60	2
3	深汕路	3.2	60	—
4	龙坪路	5.8	50	2.5
5	荔景南路	4.4	60	2
6	比亚迪路	7.5	60	2.5
7	东纵路	9.6	60	3
8	兰竹路	9.8	60	2.5
9	金牛路	6.3	60	金牛东路：5 金牛西路：2.5 金牛中路：1.5
10	聚龙路	7.1	锦绣路以北：65 锦绣路以南：100	—
11	丹梓大道	11.8	80	2.6
12	兰景路	4.9	50	1.5
13	创景路	2.7	创景路：40 创景南路：64	2
14	金田路	4.1	60	—
15	龙兴路	3.6	40	—
16	光祖路	1.6	40	光祖南路：2
17	马峦北路	1.9	60	—

途出行及接驳交通，以及向A级廊道集散的非机动车交通，是构成非机动车交通网络的次级骨架，规划总长度为162km。B级接驳廊道应设置高品质的非机动车道，断面如图3-8、图3-9所示。

接驳区内的支路也应按照非机动车优先的原则进行设计，其中有条件设置独立非机动车道的支路应全部设置独立非机动车道，为C级接驳连通道（图3-10）；无条件设置独立非机动车道的支路应采用喷涂、标识等形式，设置共享非机动车道，为D级接驳连通道（图3-11）。

图3-7　核心接驳区

图3-8　B级接驳主廊道断面

图3-9　B级接驳主廊道示例

图3-10　C级接驳连通道断面（左）及示例（右）

图3-11　D级接驳连通道断面（左）及示例（右）

3. 休闲道

休闲道的规划以坪山河为轴，向坪山其他城市公园绿地延伸，突出坪山"山、水"资源禀赋的特点，与地区人文、自然景观资源相结合，与居民休闲需求相结合。休闲道可分为滨水型、山地型及城市型三类，实现互联互通（图3-12）。

图3-12　休闲道分布

　　滨水型休闲道沿现有坪山河及其支流沿线设置，联系鹏茜国家矿山公园、燕子岭公园、田头山森林公园、聚龙山生态公园等吸引点。山地型休闲道主要是利用各郊野公园周边的既有道路设置，联系坪山区内多个生态公园，直接服务于自行车爱好者。城市型休闲道承担慢行休闲功能，在既有绿道和市政道路基础上，串联滨水型及山地型休闲道。城市型休闲道断面如图3-13、图3-14所示。

图3-13　城市型休闲道断面

图3-14　城市型休闲道示例

3.2　建设隔离的非机动车道

为减少非机动车与机动车混行以及非机动车与行人混行所带来的交通安全隐患，应建设独立的非机动车道，并合理设置车道隔离。车道隔离可通过设施隔离和标线隔离两种方式实现，其中设施隔离包括（绿化）隔离带、隔离栏、隔离柱等。城市主干路的机动车道与非机动车道之间应优先采用（绿化）隔离带隔离，空间有限时，可采用隔离栏隔离。对于过街需求较大的支路，可采用隔离柱等非连续式物理隔离，且隔离柱间距不宜过大，以防止机动车驶入非机动车道。机动车单行道路宜在机动车道与对向非机动车道之间设置物理隔离。城市道路的人行道与非机动车道不宜共平面设置；但受条件约束，人行道与非机动车道确需共平面设置时，可设置安全隔离，防止行人和非机动车出现冲突。

对于短期内没有大修计划的现状道路，可以通过增加人非物理隔离、压缩机动车道宽度、减少机动车道数量、压缩路侧带宽度等办法，分阶段逐步增设隔离的非机动车道。

3.2.1　增加物理隔离的非机动车道

对于现状为人非共板的道路，若非机动车道宽度足够（一般≥2.5m），可在原位进行微改造，降低非机动车道标高，使非机动车道与机动车道标高一致，与人行道以高差隔离（图3-15）；条件受限时，可采用立道牙及街道家具隔离非机动车道与人行道（图3-16）。坪山区吉康路即采用降低非机动车道标高的方式，与人行道形成了隔离，如图3-17所示。通过建立独立的非机动车道，有效减少了吉康路之前人非混行、机非混行的交通安全隐患，提高了非机动车骑行的平顺度。

3.2.2　压缩机动车道宽度来增加隔离的非机动车道

对机动车道宽度较宽而非机动车道空间不足的道路，若满足下列要求，可以优先考虑压缩机动车道宽度，增设划线隔离的非机动车道：1）机动车道数量为2条，路缘石间距不小于10m；2）机动车道数量为4条，路缘石间距不小于16m（图3-18）；3）机动车道数量

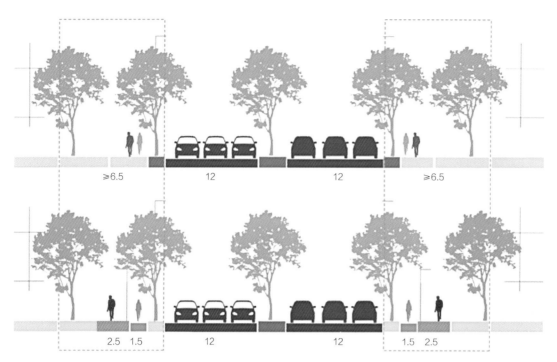

图3-15　微改造增设非机动车道断面

图3-16　微改造增设非机动车道示例

图3-17　吉康路东段微改造增设非机动车道示例，改造前（左）改造后（右）

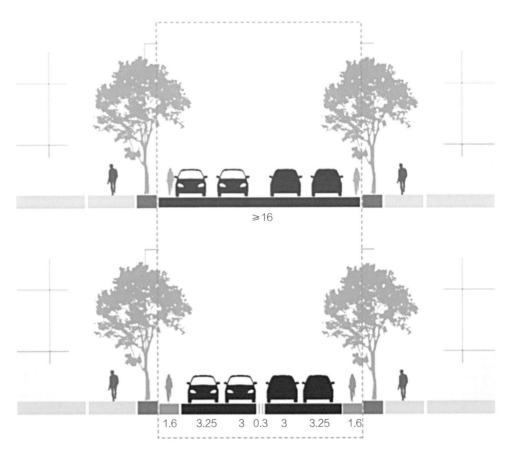

图3-18　压缩机动车道宽度增设划线隔离的非机动车道断面

为6条，路缘石间距不小于24.5m。坪山区的青兰二路通过压缩机动车道宽度，增加了一条划线隔离的非机动车道，实现了机动车、非机动车与行人路权的独立与分离（图3-19）。

3.2.3　减少机动车道数量来增加隔离的非机动车道

在流量调查与研究论证的基础上，部分道路可以通过减少机动车道数量来增设护栏隔离

图3-19　青兰二路增设划线隔离的非机动车道示例，改造前（左）改造后（右）

图3-20　技术大学周边坪河南路增设护栏隔离的非机动车道示例，改造前（左），改造后（右）

的非机动车道。除此之外，对于部分双向两车道的道路，经研究论证和相关方意见征求，可改为单行路。例如，坪山区坪河南路将一条机动车道取消，改成了非机动车道（图3-20）。

3.2.4　压缩路侧带宽度来增加隔离的非机动车道

对于路侧带（由人行道、绿化带及与人行道共板设置的非机动车道组成[17]）宽度较宽的（一般不小于6.5m）道路，可以通过压缩路侧带宽度来设置非机动车道。坪山区求水岭路通过压缩路侧绿化带空间，增加了一条独立的非机动车道（图3-21）。

3.3　非机动车道精细化设计

3.3.1　合理避让公交停靠站

非机动车道宜采取外绕公交停靠站的设计模式。当道路有机非分隔带时，公交站台可设在机非分隔带上，如图3-22（a）（c）；当道路无机非分隔带时，可在机非分隔线位置加设公交站台，如图3-22（b）（d）。

图3-21　求水岭路东侧改造路侧带增设非机动车道示例，改造前（左），改造后（右）

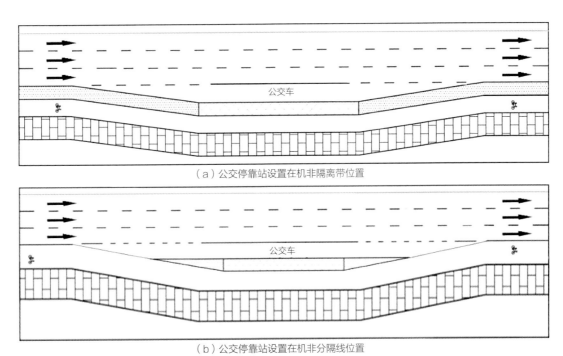

（a）公交停靠站设置在机非隔离带位置

（b）公交停靠站设置在机非分隔线位置

（c）公交站台结合机非隔离带设置

（d）非机动车道外绕公交车站

图3-22　非机动车道与公交停靠站协调设计

3.3.2　合理安排机动车停车泊位

应尽量避免设置路内机动车停车泊位，以减少对非机动车通行干扰，如果确需设置，路内机动车停车泊位应紧邻机动车道，结合机非隔离带设置，不得侵占非机动车通行空间。无机非隔离带时，紧邻机动车道设置的路内机动车停车泊位与非机动车道之间应设置缓冲区，停放车辆不得进入缓冲区，缓冲区宽度不宜小于0.5m（图3-23）。

3.3.3　非机动车道上的雨水井精细化设计

为防止非机动车轮胎被卡住，非机动车道内雨水口箅子的栅条方向应与非机动车行进方向垂直设置（图3-24）。

3.3.4　按需设置非机动车停车区域

为避免非机动车无序停放带来的道路交通安全隐患，应在城市重要商业区域、公共交通站点、交通枢纽、居住区、旅游景区等场所周边道路路侧带划定非机动车停放区。结合非机动车停车设施带宽度要求以及绿化带或建筑前区宽度，确定非机动车停放区宽度，一般垂直式非机动车停车区宽度取2～2.5m，斜放式非机动车停放区宽度可为1.5m（图3-25）。

图3-23　非机动车道与路内停车协调示例

（a）栅格方向容易卡住非机动车轮胎　　　　　　　（b）横向栅格保证非机动车行驶安全

图3-24　非机动车道上雨水井箅子的反例（a）与正例（b）

图3-25 路侧非机动车停放区设置

在交通枢纽、公园景区等骑行流量大的场所，应设置集中的路外非机动车停车场，探索建设地上、地下立体多元的非机动车停车设施。

3.4 本章小结

非机动车交通出行在我国城市交通出行方式中一直占有较重比例。随着人们环保意识的加强以及交通内涵的不断扩展，非机动车交通将继续在我国交通出行，特别是在短途出行中发挥重要作用。应对非机动车交通安全问题、塑造安全骑行环境的最佳方法就是保障非机动车独立路权，通过物理隔离、通道专属等多种措施加强机非隔离、人非隔离，建设机动车、非机动车、行人"三分离"的连续的非机动车道网络。

坪山区自2019年至2021年底通过改造新增非机动车道26km，2021年底坪山区共有市政道路非机动车道164km，设置率约为45%。非机动车交通系统的建设，尤其是重点路段非机动车道的建设逐步补齐了坪山区道路交通安全方面的一块短板，扭转了传统的"以车为本"的交通规划管理理念，并配合其他相关工作，初步达到交通安全治理的目的。

第4章 保障步行空间，提升过街设施安全

步行作为城市出行中受众面最广的交通方式，不仅是缓解交通压力、减少交通拥堵的重要手段，更是"碳达峰、碳中和"背景下最有效的零碳排放出行方式。但城市内仍存在人行道有效宽度不足、步行系统不连续、过街困难等问题，导致步行安全性较低，行人受伤事故频发，因此有必要对步行系统的交通设施安全性进行细致的探讨。

4.1 设置连续、通畅的步行道路系统

4.1.1 加密步行网络，提升步行系统连通性

独立的步行道路系统赋予行人最高的通行权以及出行安全感。当提到发达的交通组织网络的时候，我们很容易联想到数以千计的小汽车行驶在四通八达的道路或高架桥一圈一圈的匝道上。对机动车而言，它们需要借助完整连续的联通各方向的道路来抵达目的地。同理，只有当城市拥有了完整连续的步行道路系统，行人才能够实现出发地与目的地之间安全便捷的位置转换。反之如果步行系统是不连续的，行人被迫与机动车混行时，不仅给步行体验造成了负面影响，而且会严重威胁人身安全。

步行道路系统的连通性，一方面指步行网络整体上的连通性；另一方面也指路段或交叉口上步行设施的衔接情况。

合理的步行路网需要充分考虑城市居民的通行以及过街需求，并结合片区特点在规划时选取合适的步行通道间距和步行网络密度（表4-1）。《深圳市步行和自行车交通系统规划设计导则》对核心步行片区和重要步行片区的规划建设提出了如下建议要求：规划形成高密度和便捷连续的地面步行网络和立体步行系统，连接商业街区、大型商务办公和公共活动设施，以及各类城市公园、绿地、广场和地下商贸空间等公共活动场所（图4-1）。

在支路路口处保持人行道的连贯性将有利于降低机动车车速、提升交通稳静化，进而

《深圳市步行和自行车交通系统规划设计导则》建议步行路网规划密度　　表4-1

片区划分	描述	步行通道间距（m）	步行网络密度（km/km²）
核心步行片区	步行活动密集程度高、公共交通便捷可达、实施机动交通管制、优先鼓励和保障安全便捷的步行出行。具有高品质步行环境和容纳多样步行活动的城市建设区域	75-150	14-28
重要步行片区	除核心步行片区以外、轨道站点500m服务覆盖范围和步行活动密集程度较高的区域	100-200	12-22
一般步行片区	除核心步行片区和重要步行片区以外的区域	不大于250	不低于10

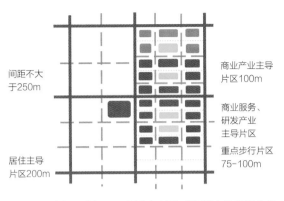

间距不大
于250m

商业产业主导
片区100m

商业服务、
研发产业
主导片区

重点步行片区
75-100m

居住主导
片区200m

图4-1　步行通道间距示意图（来源：《深圳市步行和自行车交通系统规划设计导则》）

图4-2　支路路口连续铺设的人行道[18]

有效保护行人过街。在哥本哈根、伦敦等城市，人行道被设计成跨越支路的连续路面，以保障步行优先[18]（图4-2）。由于提示了机动车驾驶员路口处的优先通行权属于行人，车辆在跨越人行道转弯时必须始终为行人让行，实践证明这种人行道连续化的设计极大地保证了行人在支路过街处的安全。值得注意的是，这种设计方案仅适用于车流量较小的支路，并不适用于车流量大且有公交车通行的路口。

坪山实践

（1）坪山创新广场街区

坪山创新广场片区位于地铁14号线锦龙地铁站周边，坪山大道从片区中心穿过。创新广场片区定位为总部基地，人口岗位密度双高，要求方便、快捷、高品质的步行出行环境。而片区原控制性规划方案，部分地块尺度偏大，与轨道站的步行联系路径也不连续，导致步行绕行、出行不便。在坪山创新广场街区城市设计中，通过打通片区断头路、落实轨道站点周边"小街区、密路网"的设计要求、重点增加联系轨道站点的城市支路等措施，将路网密度由13.9km/km²提升至15.7km/km²（图4-3），加强了片区路网的连通性，激发了片区活力。

（2）竹青路、同辉路等慢行提升改造

坪山区内部分慢行需求较大的支路，如紧邻深圳中学坪山创新学校的竹青路，靠近锦绣华晟家园、丹梓龙庭等高层住宅区的同辉路等，在改造前都存在缺少非机动车道、树池杂草挤占人行道空间、人行道铺装破损等问题，导致上下学、上下班高峰期间，行人和非机动车被迫在机动车道上与机动车混行，加剧了不同交通方式之间的冲突，不仅浪费道路空间资源，影响机动车的通行效率，也给行人带来较大安全隐患。

为了改善道路慢行空间的连续性与安全性，坪山区通过提升人行道路面铺装、新增非机动车道、平整树池等措施，对这一批慢行需求较大且慢行空间不连续的道路进行了微改

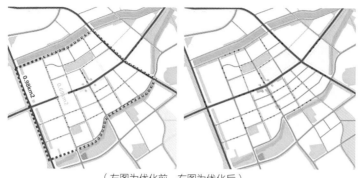

（左图为优化前，右图为优化后）

图4-3 坪山创新广场片区增加路网密度

（a）竹青路人行道改造前与改造后

（b）同辉路人行道改造前与改造后

图4-4 坪山区人行道连贯性提升改造

造整治。改造措施实施后，竹青路、同辉路人行道上的杂草被清理，破损铺装得以更换，行人和非机动车的通行环境得到了显著改善（图4-4）。

（3）深圳技术大学片区

深圳技术大学片区附近杜岗路为教学区与学生宿舍区之间的必经之路，平时行人、非机动车流量较大，但路面缺少非机动车道，非机动车被迫与行人、机动车混行，存在安全隐患。同时由于原来人行道路面存在不同程度的破损，排水不畅，步行体验较差。考虑到学校附近步行比例较高，为了提升学校师生日常出行的安全性与舒适度，坪山区通过更换人行道透水砖及花岗岩路缘石，让同学们彻底告别"晴天一身灰，雨天一腿泥"的出行窘

（左图为改造前，右图为改造后）

图4-5　深圳技术大学路段步行安全提升（坪山区杜岗路改造前后）

（左图为改造前，右图为改造后）

图4-6　深圳技术大学路段步行安全提升（创景路—竹岭三路交叉口改造前后）

境；通过增设独立自行车道，将非机动车流与步行人群分离，提高步行安全（图4-5）。

为缓解深圳技术大学师生排队过街拥堵、过街等待区域面积不足等问题，坪山区通过将二次过街安全岛宽度从6.1m拓宽到9.8m、将斑马线从5m拓宽到9.5m、停止线后移、增加师生过街等候区域面积等措施，有效保障了师生们的出行安全（图4-6）。

4.1.2　合理设置行人过街设施连通步行网络

合理设置人行过街设施，可以提升行人过街安全，减少行人对其他交通方式的影响，进而提高道路通行能力。行人过街设施主要分立体式（人行天桥、人行地道等）和平面式（人行横道）两种形式，按设置位置分为交叉口过街设施和路段过街设施。

一般而言，城市快速路必须采用立体过街方式，其他城市道路应优先采用平面过街方式。人行横道的宽度应根据过街行人数量及信号控制方案确定。主干路人行横道宽度不应小于5m，其他等级道路的人行横道宽度不应小于3m。主、次干路上的人行横道应设信号控制。对于无信号控制的人行横道，宜在人行横道两端及来车方向一侧地面分别设置发光人行横道指示器及发光突起标[19][20]。在城市主、次干路上，人行横道间距宜为250~300m[20]。

当主干路及以上等级道路的人车冲突较严重，人行横道已无法解决时（取道路饱和度≥0.8，行人过街量≥1600人次/高峰小时的标准），应采用人行天桥或人行地道。对穿越市区的快速路，应每隔300-400m设置一处人行天桥或人行地道[21]。

为方便行人换乘，减少重要过街流线的绕行，步行过街设施应与公交站点、轨道站点便捷联系，与大型商业、商务办公设施和公共设施无缝衔接。其中，学校、幼儿园、医院、养老院等门前应设置人行过街横道设施，过街设施距单位门口距离不宜大于30m，不应大于80m[21]。此外，人行横道在位置的选取上还应考虑到机动车驾驶员的视距与行人的视距，以确保驾驶员能够看到准备过街的行人，以及行人与非机动车可以观察到两侧来车。

坪山实践

坪山高级中学跨河人行桥

该桥位于深圳东北部的坪山河干流，北岸为坪山高级中学，居住、商业办公场所则分布在南岸，1km步行范围内无任何联系南北岸的交通设施。家长接送学生时需经锦龙大道、坪联路两条主干道绕行，上下学高峰期易出现交通拥堵，居民生活较为不便。跨河人行桥建成后，既便利学校师生和居民的南北通行、缓解片区高峰小时交通压力，又为周边居民提供休闲观景场所（图4-7）。

4.1.3　围绕公共交通站点构建畅达的步行接驳网络

城市轨道交通是整个城市交通系统的骨干，其运能能否充分发挥，在很大程度上依赖于其他交通工具的接驳喂给。扩大轨道交通站点的影响范围，与常规公交、小汽车、非机动车和步行等地面交通方式实现换乘一体化，有利于形成既有分工又有相互协作的城市综合交通运输网络，增加轨道交通的便捷度。

以步行和公交优先为原则布局交通接驳设施，针对轨道站点不同交通方式的吸引范围采取不同的接驳对策。按照"步行通道>公交设施>自行车设施>出租车上下客设施>小汽车停车设施"的优先次序进行考虑，结合站台站厅空间、站台出入口和周边空间开发、布

图4-7　坪山高级中学附近增设跨河人行桥

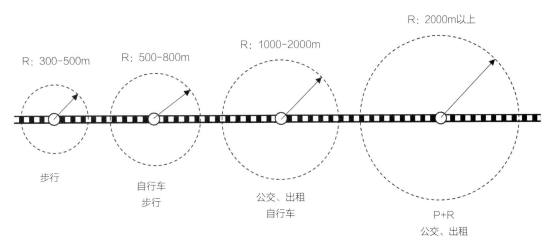

图4-8　轨道交通衔接设施构成图

局行人过街及立体步行设施（图4-8）。

《城市轨道沿线地区规划设计导则》中提出：轨道影响区应通过规划建设高密度、连续性的步行系统，整合周边商业服务业设施及绿地广场等，促进轨道交通便捷集散，拓展轨道站点的服务范围，提升城市公共空间品质。轨道影响区步行路网密度宜为机动车路网密度的2倍，独立设置的步行道路人行空间宽度一般应大于3m。

行人系统规划应改变过去以车为本、把人行道看成车行道附属设施的传统做法，转而引导人们采用步行和"公交+步行"的出行方式，解决接驳换乘的最后1km。在出入口与公交站台设置风雨连廊，提升接驳设施的人性化，形成"无缝接驳"，促进轨道效益由线到面的扩展，带动片区与地铁核心区的一体化融合。

坪山实践

地铁16号线沿线路网及接驳优化

地铁16号线原规划方案中轨道站周边路网密度仅为7.85km/km²（坪山区域内），存在路网密度低、接驳道路不完善等问题，为增强地铁16号线沿线的整体步行可达性，促进公共交通与慢行出行，《深圳市轨道交通十六号线坪山段沿线公交社区建设规划方案》提出从轨道交通站点出发形成五环多廊的社区步行系统，有效加密了轨道站点周边路网，轨道站周边路网密度达到10.2km/km²，较原规划方案提升了29%（图4-9）。

4.2　保障独立且完整的人行道路空间

4.2.1　与非机动车道设置物理隔离

为保证独立、完整的人行空间，避免人非混行，人行道应和相邻的非机动车道物理隔离，可采取绿化带隔离、绿篱隔离等。条件有限时，可采用高差隔离以明确步行和非机动

（a）16号线沿线原规划路网

（b）16号线沿线路网及慢行廊道优化方案

图4-9　地铁16号线公交社区规划

车交通路权[21]。本书第3章对非机动车与行人在同一空间内出行的安全隐患及策略均进行了详细的阐述，此处不再展开，具体可以参考第3章3.2节相关内容。

4.2.2　设置车止石，防止停车占用人行道空间

为防止机动车辆驶入人行道范围，应在缘石坡道等处设置车止石或防护柱。车止石与防护柱设置净距为1.2-1.5m，设置时不应妨碍行人及无障碍通行，并应满足机动车通视需求[20]。设置车止石可以防止行人安全受到车辆的威胁，同时也可以防止机动车占用人行道空间停车，规范道路交通秩序。

坪山实践

荣耀产业园厂区周边慢行交通改善

荣耀智能制造产业园位于坪山区主干道兰竹西路与次干道绿荫北路交叉口的西南角，集新产品验证中心、高端旗舰手机量产中心、新工艺/新技术/制造模式孵化中心和智能制

造能力建设中心于一体，园区内研发人员比例较高，居住地大多在坪山区外，通勤以私家车为主。荣耀产业园投产后，在坪山区招聘大量当地工人，通勤多为电动车。由于产业园内部停车地库尚未建成，园区外停车位有限，导致机动车和非机动车停车缺口较大。大量私家车占用兰竹西路南侧、绿荫北路西侧的人行道停车，使行人被迫与非机动车、机动车混行，慢行空间通行秩序十分混乱。

为改善慢行交通秩序和安全性，坪山区通过在人行道进出口位置设车止石、升级地面铺装、新增非机动车道标线等一系列措施，逐步清除了原来侵占人行道的违停车辆，保障了行人、非机动车的路权，消除了机动车、非机动车与行人混行的安全风险，为行人、非机动车提供了良好的慢行体验（图4-10）。

（a）升级人行道和非机动车道地面铺装，新增非机动车道标线明确路权

（b）在人行道缘石坡道前增加车止石，防止机动车驶入人行道范围

图4-10　荣耀产业园区周边道路改造前（左）和改造后（右）

4.3　人行道及过街设施精细化设计

4.3.1　合理的坡度设计实现路面平整

人行道作为城市公共基础设施，应当考虑到所有使用者的需求。其中落实人行道的无

障碍设计需要充分考虑到不同程度的伤残缺陷者、正常活动能力衰退者和能力不足者的使用需要。人行道无障碍设计的缺失不仅会降低儿童、老人、身心障碍者的步行出行意愿，更会给他们的出行带来安全风险。

深圳市作为全国的无障碍设施建设示范城市，早在2010年3月就颁布了《深圳市无障碍环境建设条例》，为全市的无障碍设施规划、建设和管理提供了法律保障；2019年出台了《深圳市道路设施品质提升设计指引》，对盲道、缘石坡道等无障碍设施从材料、类型、设计等方面都提出了相关指引和要求。针对坡度设计的要求包括2点：一是在路口、出入口、人行横道等处的缘石坡道应平整、防滑，坡口与车行道之间宜没有高差（图4-11）。二是全宽式单面坡缘石坡道坡度应缓于1∶20，三面坡缘石坡道正面及侧面的坡度不应大于1∶12，保证路段排水需求（图4-12）；此外坡道下口应与路面齐平，通常不应小于1.5m，三面坡缘石坡道的正面车止石之间的间距不应小于1.2m，确保非机动车、轮椅、运货手推车、手推婴儿车等的通行需求（图4-13）。

坪山实践

坪山区新合实验学校附近道路

位于坪山区的新合实验学校为九年一贯制学校，出入口位于城市支路文合路上，平时家长接送以电动车、步行为主，高峰期人流量较大。为保证学生上下学安全，文合路人行道缘石坡道均采用单面坡1∶20人行坡道，保证人行道、非机动车道在路口处与机动车道

人行道与机动车出入口处缘石坡道不满足要求

缘石坡道

人行道高度过高，放坡受条件限制导致坡度太陡，不符合无障碍通行的要求；提示盲道朝向机动车道不合理，影响交通安全；提示盲道下方设置雨水口易卡住盲杖，不符合无障碍设计要求

人行道应符合无障碍通行的要求

图4-11 人行道缘石坡道与车行道之间不应有高差

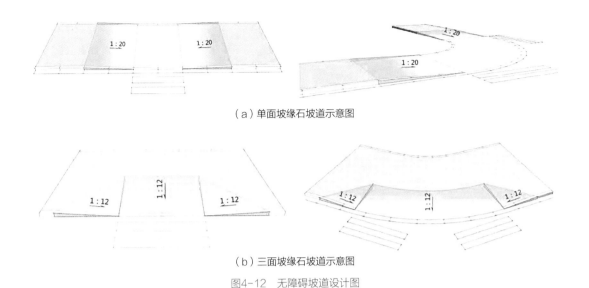

（a）单面坡缘石坡道示意图

（b）三面坡缘石坡道示意图

图4-12　无障碍坡道设计图

车止石设置过密，不方便轮椅安全通行；提示盲道的宽度应大于　车止石间距应符合无障碍的设计要求，保障轮椅安全推行
行进盲道的宽度；没有设置缘石坡道，不符合无障碍通行的要求

图4-13　车止石间距应符合无障碍的设计要求

实现"零"高差，保证学校周边行人及学生的通行安全（图4-14）。

4.3.2　合理安排盲道与其他设施关系

完善人行道无障碍设施体系的另一个重点是在各交通换乘节点形成系统化的无障碍设施系统。《深圳市步行和自行车交通系统规划设计导则》对交通换乘点（公交停靠站、轨道站点出入口处等）与人行道的衔接部分做出了设计上的规定。在服务于视障人士的步行设施方面，盲道的颜色宜与相邻的人行道铺面的颜色形成对比，并与周围的景观协调。

在公交站台距路缘石250-500mm处应设置提示盲道，其长度应与公交车站的长度相对应，周边人行道如设有盲道系统，应与之连接且需要做好与非机动车道之间的协调（图4-15）。

人行道上的盲道应与人行天桥及地道出入门处的提示盲道相连接，且需要做好与非机动车道之间的协调，人行天桥桥下的三角区净空高度小于2m时，应安装防护设施，并应在防护设施外设置提示盲道（图4-16）。

人行道上的盲道应与轨道站点出入口处的提示盲道相连接，且需要做好与非机动车道之间的协调（图4-17）。

图4-14　文合路1∶20人行道缘石坡道

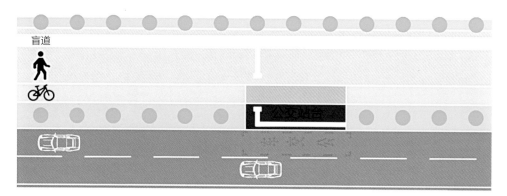

图4-15　公交站台处非机动车道与盲道之间的协调

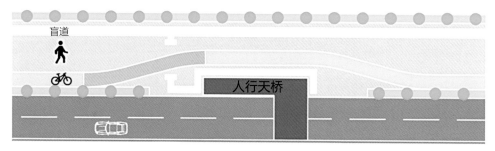

图4-16　人行天桥处非机动车道与盲道之间的协调

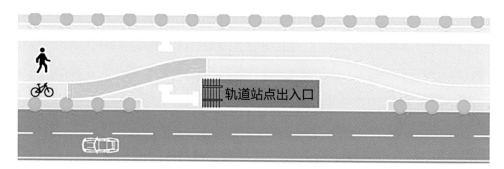

图4-17　轨道站点出入口非机动车道与盲道之间的协调

图4-18　创景路深圳高级中学东校区公交站周围盲道设计

坪山实践

深圳高级中学东校区公交站附近盲道设计

深圳高级中学东校区公交站位于创景路上，由于附近有深圳技术大学、深圳市第三职业技术学校、深圳高级中学东校区等学校，途经此站台的公交线路较多，且多为学生搭乘。为了更好地保障学生安全，在升级公交站台设施的同时，同步对周边盲道进行了精细化设计，保证盲道在公交站台处完整及与公交站台的良好衔接（图4-18）。

4.3.3　完善过街标志标线设计

人行横道根据是否设置信号灯分为信号控制和无信号控制。深圳市《道路设计标准》SJG 69—2020要求主、次干路上的人行横道设置信号控制。有信控的人行横道设有行人过街专用相位，机动车驾驶员对红灯敏感度高，机动车被强制要求停止在停止线后，安全性相对较高。过街标志标线完善的重要性主要体现在无信号控制的人行横道处。由于过街处无信号控制，标志标线为控制通行权的主要手段，其设置需起到警示机动车驾驶员前方有行人过街，并且保障机动车驾驶员有足够的反应时间完成机动车制动的作用。《城市道路交通设施设计规范》GB 50688—2011与《深圳市道路设施品质提升指引（试行版）》均对注意行人警告标志、人行横道预告标线、发光人行横道指示器等提出了相应的要求。国内外应用了不同类型的标志标线来对人行横道进行预警：

1. 斑马线礼让警示文字：国内现已有多个城市在斑马线处设置"车让人"或"礼让行人"的警示文字，相关警示文字通常设置在机动车停止线上游或机动车停止线与斑马线之间。例如西安市，采用"车让人"的地面文字标识，提醒、警示机动车驾驶员主动避让行人（图4-19）。

图4-19 "礼让行人"标识（西安市凤城一路）

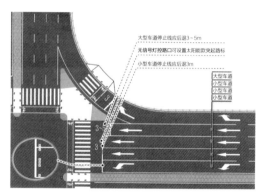

图4-20 有渠化岛路口停止线设置方案[34]

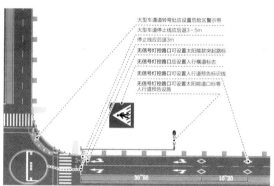

图4-21 无渠化岛路口停止线设置方案[34]

2. 机动车停止线与斑马线退线区域施画禁停黄网格：为改善路段过街斑马线处的视距，进一步提升车让人的实施效果，避免出现"鬼探头"事故，包括深圳市在内的部分城市对过街斑马线的停止线采取了后退处理，停止线后退斑马线距离多为3-5m，同时在停止线与斑马线之间的空隙施画了黄色网格，禁止机动车在停车礼让时驶入该区域等候。禁停黄方格也可配合车让人抓拍系统，作为执法的依据之一。深圳市交通运输局于2022年2月印发《人行横道线及停止线设置指引（试行）》，根据不同车辆类型、不同交叉口提出相应的设置标准（图4-20、图4-21）。

坪山实践

针对大车较多、行人过街流量较大的路口，如人民路与金康路、兰竹路与绿荫路等交叉口，根据现场实际情况将停止线后移2-3m，并施画禁停黄网格来提醒车辆保障充足的制动距离，增加机动车行车的视距和可视性，进一步保障交叉口处的行人过街安全（图4-22）。

3. 斑马线发光道钉：为提升路段过街设施在夜间的可视性，提示过往车辆在通过时

图4-22 坪山区退线区黄色禁停网格

图4-23 设置在人行斑马线两端的太阳能同步闪光道钉

减速并礼让行人，斑马线端头可设置闪光道钉，并配合人行横道闪光道口标等交通设施进一步明确斑马线位置（图4-23）。

4. 错位式停止线：为了最大限度地消除斑马线上"鬼探头"事故隐患，国内部分城市推出了错位式停止线设计。此类错位式停止线主要有"阶梯式"和"凹字型"两种形式，其原理都是通过不同退距的停止线的设置，减少相邻车道车辆对驾驶员视线的遮挡，常见的有3m-5m-7m及6m-9m-6m等多种退距组合，通常搭配黄色禁停方格共同使用。此类错位式停止线适合设置于车速较快、车道数大于两条，或公交车、货车等容易产生视线遮挡的大型车辆较多的路段过街处。例如在深圳市罗湖区怡景路青年活动中心路口，周边住宅较多，日常人车流量较大，采用"阶梯式停止线"来避免"鬼探头"事故隐患（图4-24）。

图4-24 "阶梯式停止线"试点路口

值得注意的是，虽然预警人行横道的标志标线的形式有多种，不同的城市地区实践也有不同，但是保持统一的设置标准是非常重要的。复杂不统一的标志对机动车驾驶员产生了挑战，容易分散驾驶员的注意力，造成驾驶的混淆，反而容易诱发交通事故。

4.3.4 匹配过街设施的市政设施设计

保障行人安全过街的关键是机动车驾驶员可以提前观察到人行横道，并有足够的时间对过街的行人作出反应。完善的市政配套设施可以提高人行横道的可见性，为机动车预留足够的反应时间和制动距离（图4-25）。充足的照明设施、无遮挡的绿化是保证行人安全过街的基本条件；昏暗的照明、有遮挡的绿化及市政设施（如变电箱等）则会增加机动车驾驶员对过街行人及非机动车的观察难度。

图4-25 人行横道处设置路灯，增强夜间过街提醒

坪山实践

1. 荔景南路（李屋六路）人行过街改造

此处人行过街口位于李屋小区出入口附近，横跨南北向的交通性主干道荔景南路。由于此处过街口所连接的东西两侧社区原本属于一个社区，存在一定过街通行的需求；同时此处距离南北信控交叉口均约300m，绕行距离约600m，难以取代现状在路中直接过街的方式。为了提升居民过街安全，针对改造前此处过街口存在的视距不良、车速过快、缺少人行过街提示、夜间提示不足等问题，坪山区通过后移停止线、增设纵向减速标线、迁移修剪路口处的茂盛绿化、在路口斑马线一侧设置黄闪地面道灯、在斑马线中间面对车辆进口道方向分别安装两条分级提示的慢行提示黄闪灯和两组斑马线AI检测行人预警系统等措施，有效增强了此处行人过街的安全性（图4-26）。

（a）荔景南路人行过街口改造前　　　　　　　　　　　　（b）荔景南路人行过街口改造后

（c）荔景南路人行过街口改造后夜间效果　　　　　　　　（d）试点设置"会发光的智能人行道"

图4-26　荔景南路人行过街改造前后

2. 比亚迪路—同富裕一路交叉口

比亚迪路作为片区重要的东西向主干道，车流量较多，且货车比例较高。同富裕一路为片区支路，连通沙坣社区、新天地商业广场等居住聚集区，人流量较高。在比亚迪路—同富裕一路路口改造中，除了路面施画警示标线等措施，还采用了"新型智能人行信号灯+地面智慧道灯"相结合的方式，在行人闯红灯时发出语音警示，结合地面发光智慧道灯，有效提醒过往的行人车辆注意过街安全（图4-27）。

图4-27　比亚迪路—同富裕一路交叉口人行过街智能人行信号灯

4.4　本章小结

行人作为道路交通使用中的弱势群体，更容易在交通事故中受到伤害，因此对行人步行空间交通安全的提升至关重要。提升人行道系统的连通性，保障充足的步行空间、合理的过街设施，将有效地引导行人在步行系统内出行，减少行人随意穿越道路的行为，从而减少交通安全风险。对过街标线的精细化设计，将提高机动车驾驶员和过街行人双方的注意力，减少碰撞事故发生概率。坪山区在步行系统和过街设施交通安全提升方面已经探索出一些实践经验，将配合未来的城市道路建设与升级改造，进一步推广实施，全面提升坪山区步行出行环境交通安全水平。

第5章 客货分离，提升货运通道安全设计

2020年发布的《中国公路货运行业智慧安全白皮书》显示[22]，截至2019年，我国百万公里货车事故数为3.7起，而美国近年各州百万公里货车事故数仅约0.1起，相较发达国家，我国的货运安全形式仍较严峻。坪山区2015年交通亡人事故中有43%[23]与货车有关，是当年所有机动车辆中导致交通亡人事故最多的车辆类型，因此货运车辆所在道路的交通安全提升设计应当作为研究重点。货运车辆本身具有盲区多、减速慢等交通安全高风险特点，如何最大程度地减少客货交织、减少货运车辆自身运行特点带来的安全风险是本章的研究重点。

5.1 客货分离，减少货运车辆与客运交织

5.1.1 建立网络化货运通道系统

在城市货运交通组织中，货运通道是否连接成网至关重要，若没有形成网络化的货运通道，不仅会影响城市货运车辆的运行效率，也会导致货运车辆被迫选择在客运道路上行驶，从而加剧客货交织的交通安全风险。货运通道网络规划需要构建层次分明、功能清晰的货运交通集散体系，引导不同类型不同流向交通分层分级，实现"过境与城市分离、客运与货运分离、货运流向分离"[24]。货运通道类型一般分为3类：1）过境货运通道，主要服务过境货车，分离过境交通与城市交通；2）对外货运通道，主要服务本城市货车，是城市货车对外运输主通道，分离城市货运交通与城市客运交通；3）内部货运通道，服务生活货运运输集散及对外货运通道到货运企业最后一公里的接驳交通，这类通道的设置应当根据不同流向相对分离，避免货车积聚（表5-1）。

坪山实践

针对坪山区客货混行严重，缺少货运交通专用走廊的问题，《坪山区综合发展规划（2017—2035年）》提出构建坪山区"十字双环"的干道体系（图5-1），以外环分离过境交通，以内环分离客货交通。规划道路交通体系很好地实现了过境交通与片区交通的分离、客运交通与货运交通的分离，净化了坪山中心城区的道路环境，在极大程度上减少了中心城区客货交通冲突。

5.1.2 规划货运交通安宁区域

货运交通安宁区一般为住宅区、医院、学校等货运敏感区，大部分位于城市中心区。货运安宁区内应严格限制货车通行，对于确有通行需求的货运车辆，如货物配送车、垃圾运输车、消防车等，应规划好其通行线路和通行时间，做好审批与备案。

货运通道分类　　　　　　　　　　　　　　　　　　表5-1

分类体系	规划原则	示意图
过境货运通道	与过境货物主流向相一致，近城而不进城，引导过境货运交通快速通过，减少对城市交通的影响	过境交通
对外货运通道	与城市空间拓展、产业布局相协调，顺畅快捷对接城市综合货运发生源及货运枢纽节点	对外交通
内部货运通道	满足服务生活货运输集散的需要，与城市主要客运通道相分离，远离居住区、风景区等环境敏感区域	内部交通

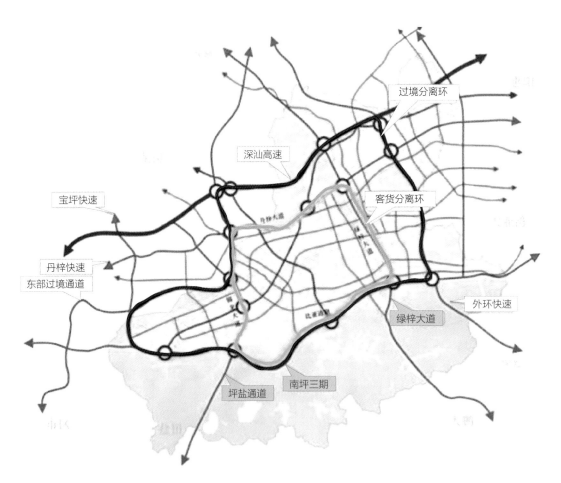

图5-1　坪山区道路交通体系规划

坪山实践

坪山区由于区位及产业分布特征，货运交通量较大，货运交通与城市交通混行严重，影响居民生活。为改善坪山区出行环境，坪山区计划"十四五"期末打造三大货运交通安宁区域，禁止大型货车进入，以提高区域内交通安全水平（图5-2）。2022年，区内部分重点道路如光祖北路等已经禁止大型货车进入（图5-3）。货运交通安宁区域覆盖了坪山主要的居住和商业办公聚集区，通过禁止货车进入可有效提升区域内的出行品质、改善出行环境、提升交通安全水平。

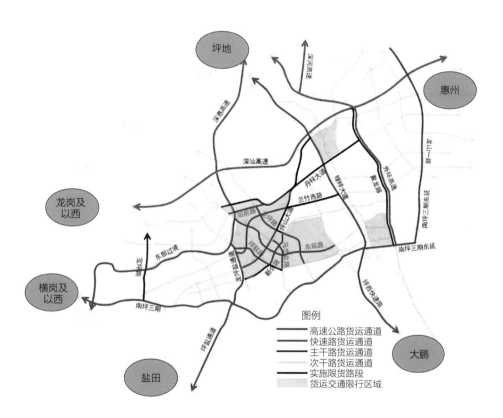

图5-2 坪山区"十四五"期末货运交通安宁区域规划

图5-3 光祖北路24小时禁止大型货车通行

5.1.3 一般道路分时限制货车进入

对于城市内客货交织较多的路段，可制定合理的限行政策，在时间和空间上进行合理的路权分配；但对于货运产业较多的区域不应实行全天限货、白天限货等"一刀切"的限货政策，应充分考虑和评估限货区域内企业的物流需求，优化调整货车禁限行方案，在早晚高峰之外尽量缩短限货时间，放宽货运车辆交通管制范围，增强货运活力。

坪山实践

为了提升道路运行效率和交通安全水平，坪山区在2022年上半年设定了多条分时限货路段。在设置限货时段时，充分考虑了不同类型道路及货运需求的特点，对部分道路采取了高峰时段限制货车通行，只允许夜间货车通行等措施（图5-4，图5-5）。分时限货措施在缓解客运高峰客货冲突的同时，也为城市物流运输与保障预留了充足的时间窗口，有效均衡了白天和夜晚道路的交通流量。

图5-4　坪山大道7—22时限制大型货车通行　　图5-5　乌石路早晚高峰限制大型货车通行

5.2 货运通道增加柔性设施

5.2.1 使用柔性护栏

护栏作为公路上的基本安全设施，对公路上的交通安全起着积极的作用，但同时，护栏本身也是一种障碍物，其设置也是有条件的。刚性护栏强度大，碰撞时不易变形，因而碰撞后的物体不会轻易跑到护栏的另一侧去引发更危险的事故；但其受碰撞时作用时间短，变形小，使碰撞体受到的冲击力很大，容易对碰撞体自身造成伤害。柔性护栏则避免了这种不足，可以产生较大变形，吸收碰撞能量，减小对碰撞体的伤害[25]。因此，在高快速路、主干道以及危险路段、陡坡等区域，为防止车辆失控碰撞护栏冲击力过大造成二次伤害，应设置柔性护栏。

坪山实践

2021年初，为解决拐弯长下坡路段弯急坡陡、路侧高差较大、车辆驾驶员无法及时减速带来的交通安全隐患，坪山区在南坪三期转坪山大道路段（马峦山郊野公园门口）、碧三路等坡陡弯急路段试点安装了近500米的滚筒式防撞护栏。这种护栏的旋转滚筒采用了EVA和聚氨酯复合材料，具有高弹性和耐磨性，既有足够的强度避免被撞破，又吸收大量撞击力度，能更有效保护司乘人员。当车辆与滚筒护栏发生碰撞时，利用撞击后滚动导向消能的原理，通过护栏上设置的旋转桶矫正车辆的行驶方向，使其恢复到正常行驶轨道，避免冲击反弹，造成二次事故。同时，利用在滚筒护栏上设置的高位、高强抗撞保护梁，有效阻止车辆翻出路侧。此外，可以通过旋转桶亮丽的色彩及设置在桶上的反光标示提高道路辨识度，及时为驾驶员提供有效且醒目的警示，防护效果明显（图5-6）。

5.2.2 分流端、护栏端部增加防撞垫

防撞垫在保证防撞性能的前提下，增强了导向性能和吸能缓冲性，当车辆失控碰撞该区域时，由于防撞垫自身性能，可及时对行车方向进行纠偏，并消除大部分碰撞能量，从而保证驾乘人员及车辆的安全。同时防撞垫上还贴有反光条，夜间行车时通过灯光照射，能够较好地展现出导流轮廓，对车辆起到很好的视线引导作用。

防撞垫适合设置在公路（快速路、主干路）主线分流端、匝道出口的护栏端部、收费站导流岛端部、中央分隔带护栏端部、中央分隔带开口处端部、上跨高速公路跨线中墩的端部、混凝土护栏端部、隧道洞口以及车辆撞击易造成冲击伤害的构造物前端等位置（图5-7），同时在分流端设置分道指示器[26]。

5.2.3 使用绿化软隔离

"绿化软隔离"即隔离带采用绿化结合栏杆的形式。在靠近车行道边的绿化带上种植的绿篱植物、花灌木和观叶灌木等枝叶茂密的常绿植物能有效地阻挡对面车辆夜间行车眩光，改善行车视野环境；同时，用植物作为分隔交通的软质隔离，与用栏杆等硬质隔离相比，在同样的功能的作用下，更加生态，更加亲和（图5-8）。

图5-6 坪山碧三路设置滚筒式防撞护栏

图5-7 快速路分流端防撞垫

图5-8　坪山绿荫北路上绿化软隔离示例　　　　　图5-9　坪山比亚迪路波形梁钢护栏设置示例

货运通道上的绿化隔离一般要求具有一定的隔离带宽度，使货车与客车之间的横向行驶距离较大，减少相互干扰，交通安全性高，但设置绿化隔离要求道路有足够的宽度，同时须注意的是，绿化隔离带不能过于靠近车行道，以避免对驾驶员造成压抑感，影响其正常驾驶，特别是在弯道的位置，还会缩短驾驶员和行人的视线距离；不宜为追求自然生态而在道路内的绿化带上过多种植零碎的植物，以免扰乱视线[27]。

5.2.4　使用波形梁护栏

波形梁钢护栏是应用范围最广的一种护栏，安全等级高，便于维护，成本适中，常用于主干道路侧、中央及匝道路侧。波形梁护栏是半刚性护栏中的一种常用形式，它具有一定的刚度和韧性，主要通过横梁、立柱和土基的变形吸收碰撞能量，对于车辆撞击具有一定的缓冲保护作用，损坏部件容易更换，且具有一定的视线诱导作用（图5-9）。

由于汽车的冲击动能与其质量及行驶速度成正比，高速行驶的货车一旦发生冲出路外或撞击路边障碍物的事故，其冲击剧烈程度会明显增加，从而对司乘人员造成更大的伤害，此时波形梁护栏的设置更显意义。波形梁护栏的防范及设计重点也是偏向重型车，随着新材料的出现和工艺的改进，波形梁护栏的吸收性能和防护性能未来也将大幅度提高[28]。

5.3　货车路口与出入口精细化设计

5.3.1　货车路口与其他交通方式"锐角相交"安全治理

大型货车由于体量大、驾驶视点高，相比于小汽车存在更多的视野盲区（图5-10）。特别是当车辆转弯时，车辆转向一侧的驾驶员可视区域将会被压缩，视野盲区表现会更加明显，货车驾驶员更难观测到出现在货车附近的行人或非机动车。

同时，大型货车由于转弯时内前轮转弯半径与内后轮转弯半径之间存在内轮差（图5-11），在转弯时前、后车轮的运动轨迹不重合，后轮会产生更大的扫荡区域。如果驾驶员未经充分培训，可能只关注车身的转弯情况而忽视内轮差的存在。货车附近等候的非机动车和行人非常容易误判前后轮行车轨迹，不小心进入内轮差危险区域，在货车转

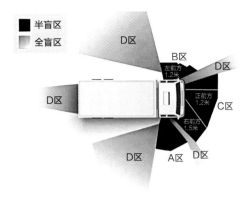

图5-10　大货车视野盲区

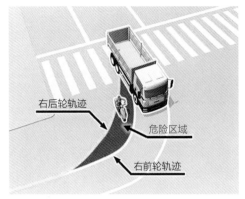

图5-11　大型车辆右转内轮差

图5-12　大货车与非机动车在路口锐角相交

弯时被碰撞碾压，造成重伤及亡人事故。

大型货车由于存在视野盲区和转弯内轮差的问题，一旦与非机动车或行人在路口的行驶轨迹夹角为锐角时（图5-12），司机在视野盲区的影响下必须回头并借助狭窄的后视镜才能观察情况，而非机动车驾驶员和行人也很难看到从后方驶来的右转机动车，双方都难以及时意识到潜在的风险，一旦发生事故，通常会产生较为严重的后果。

为了改善"锐角相交"安全隐患，可以从时间分离和空间优化两个角度入手。时间分离上，可以通过优化交叉口信号控制的方式，分别放行右转的大型车辆与直行的非机动车及行人。空间优化上，可以通过在交叉口适当位置设置硬质隔离（隔离墩、隔离护栏等）、增设智慧交通控制系统、施划大型车辆右转弯内轮差危险区警示带等方式，变"锐角相交"为"直角相交"，提升行人及非机动车的通行安全性。

1. 设置硬质隔离

通过在非机动车道转角处安装硬质隔离，引导直行的骑车人沿转角隔离栏略微右转，在另一条道路的横道线处再往前直行，变"锐角相交"为"直角相交"，此时右转机动车与直行非机动车已呈现直角相交，彼此都能一眼看到对方，大大降低事故风险（图5-13）。

图5-13 非机动车道转角安装隔离栏，变"锐角相交"为"直角相交"

图5-14 上海市嘉定区针对交叉口货车电动车锐角相交设置的隔离墩[30]

以上海市嘉定区在浏翔公路和宝安公路交叉口的改造为例[30]，通过在路口增设水泥隔离墩、缩减路口转弯半径，不仅保护了在路口等待的非机动车群体，同时迫使大型车辆右转时减速，并以接近直角的方式与过街非机动车流相交，提高了司机的可视性（图5-14），从而降低交叉口右转车辆事故风险。

除了这种较高的隔离墩外，荷兰式交叉口[29]通过使用稍微抬高的混凝土块隔离非机动车与转弯汽车，引导直行非机动车在与右转机动车垂直交叉的位置过街，也可以有效改善交叉口安全（图5-15、图5-16）。

2. 设置智慧交通控制系统

在交叉口设置智慧交通控制系统，可通过信息化手段监测并提前预判大型车辆右转过程中存在的风险，通过声光电系统及时将信息传递给司机，从而达到降低事故发生率的目的。以济南市历城区世纪大道风鸣路路口为例[31]，该路口设置的大车右转安全预警系统，通过雷视一体机中的雷达检测车辆位置、速度，视频检测车辆车牌和外形特征，将信息融合判断车辆是否为大型车辆、行进过程是否停车让行，综合判断车辆是否存在违法行为（图5-17）。

3. 设置右转弯内轮差危险区警示带

为切实提升行人、非机动车、大型车辆驾驶员对内轮差的危险意识，警示行人及非机

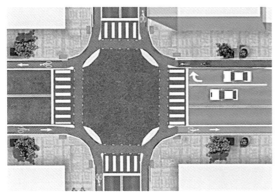

图5-15　荷兰式交叉口[29]

图5-16　荷兰式交叉口混凝土隔离墩设置案例

图5-17　济南市大车右转安全预警系统案例[31]

动车勿进入机动车道等待红绿灯，以及警示大型车辆右转弯时应在保证交通安全的前提下"转大弯"，2021年深圳市交通运输局印发了《深圳市大型车辆右转弯内轮差危险区警示带设置方案》，以标线和设施相结合的形式，对大型车辆经常通行的路口提出了一套有效降低锐角相交风险的措施。

选取交叉口设置重型车辆右转弯内轮差危险区警示带的原则为：

1）转角未设置右转渠化岛；

2）路缘石转弯半径宜≥9m；

3）重型载货汽车、渣土自卸车、水泥搅拌车等重型车辆的主要通道沿线交叉口右转转角；

4）该交叉口转角处连接的人行横道线为重要过街通道，或曾发生过重大安全事故。

右转弯内轮差危险区警示带设置类型可分为两种：

1）月牙型（应用于常规路口或需重点提示路口，如口岸及物流园周边）：人行横道处仅保留前内轮轨迹线，前内轮轨迹线在两端停止线（及其延长线）处终止，其余不变，

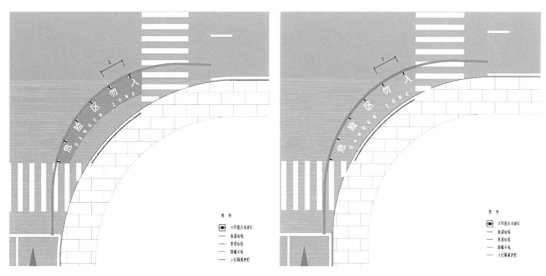

图5-18　月牙型右转弯内轮差危险区警示带实施
　　　　效果图示意

图5-19　画线型右转弯内轮差危险区警示带实施
　　　　效果图示意

即为标准型右转弯危险区警示带范围（图5-18）。

2）画线型（应用于临时提示路口，如临时工地周边）：仅选取前内轮轨迹线，作为划线型右转弯危险区警示带范围，前内轮轨迹线延长至转角两端停止线（图5-19）。

坪山实践

1. 设置硬隔离

2018年，坪山区马峦街道以"微设计微改造"的形式，通过使用水马和护栏，对存在"锐角相交"风险的交叉口进行了改造。以比亚迪路和坪环路交叉口为例，由于大货车从比亚迪路西往东右转进坪环路时，与直行的非机动车、行人存在相撞风险（图5-20）。在

图5-20　比亚迪路与坪环路交叉口一整改前

此处增设水马隔离后，引导行人及非机动车从与右转机动车垂直交叉的位置过街，大大提高了行人及非机动车的过街安全性（图5-21）。

2. 设置大型车辆右转盲区警示带

2021年，坪山区施划了20余处右转内轮差危险区警示带，取得了较好的警示效果。以启隆路与金牛路、科技路与翠景路两处交叉口为例（图5-22，图5-23），警示带最外侧边线采用振荡标线+反光道钉组合设计，司机可通过反光道钉提前获知按道行驶的信息，如

图5-21　比亚迪路与坪环路交叉口—整改后

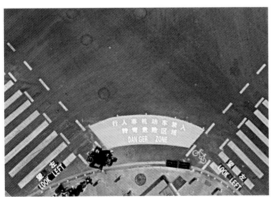

图5-22　启隆路与金牛路交叉口施划案例

图5-23　科技路与翠景路交叉口施划案例

不慎驶入危险区还会有强烈震荡效果，从视觉和体感两方面进一步加强危险区的警醒作用；危险区采用橘黄色标注，并同步增加中英文双语描述，同时在人行斑马线上配套施划"望左"提示语，提醒过街行人注意左侧转弯的车辆。

5.3.2　合理设置货车掉头口

大型车辆掉头需求较大的道路在规划时应预留好掉头位置，由于货车最小转弯半径较大，应尽量保证道路掉头段宽度在12m以上[32]（表5-2）。

各类货车一次顺车掉头转弯半径[2]　　　　　　　　　　　　　　　　　　表5-2

车型	车长（m）	车宽（m）	载重（t）	最小转弯半径（m）	一次掉头需要最小宽度（m）	最大内轮差（m）
微型货车	3.4	1.8	≤1.8	4.5	11.4	2.6
轻型货车	5.5	2	1.5-6	7.2	18.4	3.7
中型货车	7	2.2	6-14	9.0	22.4	3.8
重型货车	12	2.5	≥14	10.5	26	7.2
铰接车（为重型货车的一类）	17.5	2.5	40-60	10.8	26.6	9.5

对于大货车通行较多的路口，若掉头位置车道宽度小于12m，大型货车由左侧掉头时转弯半径可能存在不足，无法一次完成掉头。可通过优化路口相位结构进行调整，设置右置掉头形式，保证路口车辆通行安全。

掉头车道右置：将掉头车道设置在直行和右转车道之间，要求本向车道数至少3车道（图5-24）。此种设置方式的优点是增大掉头车辆转弯半径，降低掉头车辆的车头时距，提高通行效率，无需有中央分隔带设置专用掉头车道，适用于城市道路公交车、大货车掉头。缺点是交通组织方式较为复杂，掉头车辆必需使用专用信号相位，掉头时必须越过停止线跨越交叉口内较大空间，有与对向左转车辆冲突的风险，特别是驾驶员容易按照习惯驾驶进入最内侧车道进行掉头，对标志标线的设置和驾驶习惯改变要求较高[33]。同时，此种设置方式也可能导致货车与二次过街的行人发生较大冲突，因此此类设置方式大多适用于一次过街的交叉口。

5.3.3　货车通道路口处停止线后移

货车由于质量大、惯性大，导致制动距离长，一旦遇到紧急情况时，由于惯性原因

---

2 掉头转弯半径及内轮差通过软件模拟。

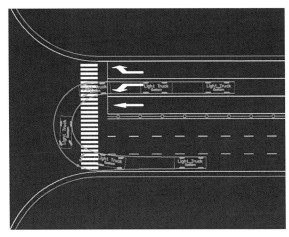

图5-24　进口车道掉头车道右置　　　　　　　图5-25　停止线距离斑马线过近

会导致刹不住车，同时货车司机视线高，在路口处距离斑马线较近时视线易受阻，导致司机无法及时发现行人，造成人车冲突（图5-25）。因此在货运通道沿线路口处，机动车停止线位置也应作相应调整，停止线适当后移[34]，可以保障货车制动时有一定的"容错空间"，保障司机视距，减小货车车头与斑马线上行人、非机动车发生刮碰的概率。具体做法和实践可参考第四章4.3.3节内容。

5.3.4　物流工业园货车出入口增加排队空间与渠化岛

物流工业园区出入口是园区内外交通连接的瓶颈，园区出入口的设置应当与周边路网协调考虑，与城市区域交通规划及用地布局相适应，使园区车辆出行路径尽量短，运输费用尽量少，出行危险性尽量低。

有较大安全隐患的园区出入口往往存在以下问题：

（1）园区出入口与社区出入口位于邻近位置，导致交通堵塞、人车冲突等潜在的交通安全隐患；

（2）园区出入口客货未分离，导致大车与小车混行，机动车与行人、非机动车混行；

（3）出入口设计不合理，导致岗亭、绿化等遮挡视线，车辆视距受阻，影响出入车辆及行人的安全。

针对以上问题，园区出入口可通过以下方式进行优化：

1. 侧车道

侧车道是平行于衔接道路的辅助性道路，设置侧车道可保障进出园区的交通右进右出不影响主线交通（图5-26）。但侧车道只能服务于沿道路一侧的物流园区用地，土地利用效率不是很高，对于用地紧张的区域，须综合考虑土地经济效益及交通影响再进行设置。设置此类车道的同时应做好人行道及非机动车道与出入口的衔接，保障行人、非机动车的通行连续性及安全性[35]。

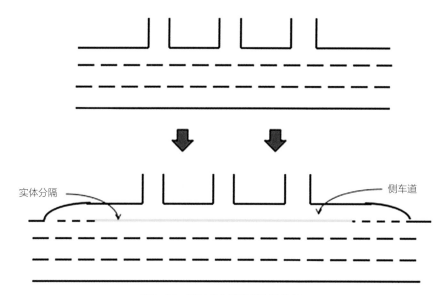

图5-26 园区接入道路侧车道设置

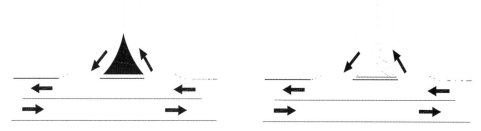

图5-27 出入口渠化设置

图5-28 深圳坪山综合保税区通过硬质隔离进行渠化示例

2. 出入口渠化

在出入口处设置渠化岛或渠化标线，达到分隔出入车流的目的，同时渠化岛为行人提供了驻足停留空间，一定程度上减少了人车冲突（图5-27）。但只适用于右进右出的交通组织方式，对于左转需求较大的出入口则增加了绕行成本。设置物理渠化岛应注意尽量降低渠化岛坡度，抹平渠化岛坡面，保障行人及非机动车无障碍通行；设置标线渠化岛应注意设置反光砂桶、反光道钉、人行道标识等配套设施，保障行人及非机动车过街安全（图5-28）。

5.4 本章小结

货运交通安全对于先进制造业城市至关重要，是保障国民经济良好发展运行的重要前提。本章系统梳理了货运交通安全治理方法，从货运通道规划入手，结合通道节点安全提升手段，建立了完善的货运安全治理体系，并对坪山区在货运安全提升方面的实践经验进行了系统总结。在实际应用中，应结合区域货运交通量、产业分布等要素具体分析，制定具有针对性的货运安全治理策略。

第6章　改善交叉口，提升非机动车与行人过街安全

城市道路交叉口是城市道路交通网络中各种交通方式发生方向转换的节点，也是各种交通方式集中发生交通冲突的地点，因此交叉口一直是交通事故高发的地点。2015年，坪山区亡人交通事故中，发生在交叉口的亡人事故比例高达32%[36]。行人和非机动车的驾驶员及乘客作为交通出行中的弱势群体，在事故发生时受到严重伤害的比例远高于机动车驾驶员。2015年，坪山区交叉口发生的亡人交通事故中，死者全部为行人或非机动车的驾驶员及乘客，因此如何提升交叉口行人和非机动车的过街安全是本章的重点研究内容。

6.1　稳静化设计降低车速

交叉口的交通稳静化（Traffic Calming）更多地可以理解为降低机动车在交叉口的通过速度，以减少发生严重伤亡交通事故的比例。交叉口稳静化措施主要包括通过基础工程设计、色彩暗示来影响机动车驾驶员行为知觉等手段，降低机动车速度。

6.1.1　人行道或交叉口抬高

车流量较小、以慢行交通为主的支路汇入主、次干路时，交叉口宜采用连续人行道铺装代替人行横道，在路口保持人行道铺装与标高连续，保证人行顺畅，同时通过人行道铺装材质和标高的变化，提高机动车驾驶员注意力，实现机动车辆降速通过交叉口（图6-1）。此外也可以采用交叉口抬高的方式，在交叉口范围内使车行路面与路侧人行道的

图6-1　交叉口连续人行道铺装示例

图6-2　交叉口整体抬高示例

标高一致或接近，以此降低机动车通过交叉口的车速，保障行人安全，方便行人过街[37]（图6-2）。

6.1.2　交叉口收窄

在车辆通行速度高的交叉口，还可以对其进行缩窄改造（"缘石外探"即curb-extension）。通过物理手段或者视觉手段，将机动车通过交叉口的宽度缩窄，使其速度降低（图6-3）[38]。

6.1.3　设置路面标识

当交叉口的车辆通过速度高且交通流量大时，可以考虑设置路面标识，提前告知驾驶员前方道路状况，以此来控制速度、促进谨慎驾驶（图6-4，图6-5）。

图6-3　交叉口缩窄示例

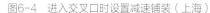
图6-4　进入交叉口时设置减速铺装（上海）　　　　图6-5　交叉口减速标识（坪山区文祥路）

6.2　保障行人与非机动车过街连续性

交叉口处不连续的非机动车道严重影响了非机动车的出行体验，导致很多非机动车驶入机动车道，增加了安全隐患。同时，在深圳市坪山区，设有路中安全岛的道路很多会辅以二次过街信控方式，即行人需要等待两次绿灯信号来完成过街。二次过街容易造成行人和非机动车在过街安全岛处的聚集和溢出，并因等待时间过长诱发闯红灯的行为，增加了交通安全风险。因此，为减少行人和非机动车过街安全隐患，应重点保证非机动车过街带连续，同时提高行人和非机动车一次过街比例。

6.2.1　连续的非机动车过街带设计

非机动车路权的连续性是减少机非混行、人非混行最有效的手段，保障非机动车、行人及机动车分别享有独立连续的通行空间，是提升交通安全和效率最可靠的策略。为此，应保障路段与交叉口范围内的非机动车道与过街带及转角处、上下游通行通道非机动车路权的连续。《坪山区城市道路设计指引2.0（试行）》将非机动车过街带分为4类：1）无安全岛机非共板；2）有安全岛机非共板；3）无安全岛人非共板；4）有安全岛人非共板。四种形式分别给出了非机动车过街带的设计要求。

1. 无安全岛机非共板：通过道路标志以及护栏或者其他物理分隔将机动车道与非机动车道隔离，在交叉口处设立非机动车专用斑马线，使非机动车具有独立的过街通道（图6-6）。

2. 有安全岛机非共板：近交叉口处提升非机动车道至与人行道共板，防止非机动车流线与路口机动车右转流线冲突，再经安全岛及非机动车专用斑马线过街（图6-7）。

3. 无安全岛人非共板：在交叉口处设立非机动车专用斑马线，将其设立在交叉口内侧，减少过街时人行流线与非机动车流线的交叉（图6-8）。

4. 有安全岛人非共板：通过独立斑马线通过安全岛，再经交叉口内侧的非机动车专

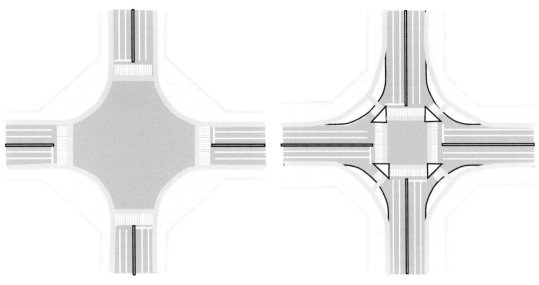

图6-6　无安全岛（机非共板）交叉口　　　图6-7　有安全岛（机非共板）交叉口

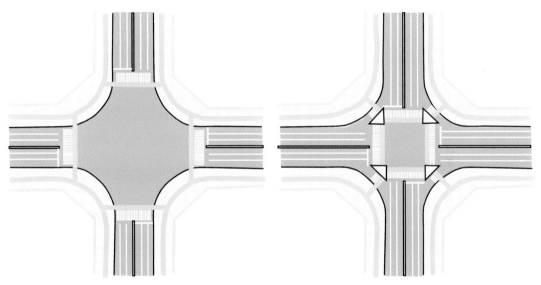

图6-8　无安全岛（人非共板）交叉口　　　图6-9　有安全岛（人非共板）交叉口

用斑马线过街（图6-9）。

　　另外，对部分有安全岛机非共板的交叉口，在机动车右转流量不大的情况下，可以考虑机动车不再通过右转渠化专用道进行右转，改为通过主路右转；原右转机动车道改为非机动车道，原安全岛兼具隔离带功能；调整非机动车过街路径，在安全岛中部设置非机动车专用过街横道实现与机动车垂直相交过街，与非机动车道完整衔接（图6-10）。

6.2.2　调整信号配时增加行人和非机动车一次过街比例

　　二次过街是指通过路中设置安全岛，将道路分成两段，每一段采用信号灯控或管制措施使行人分两次完成安全过街的模式，是深圳市交叉口或路段行人过街的一种常用交通组

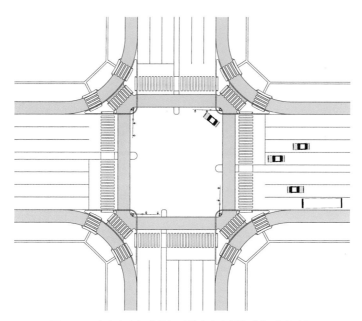

图6-10 有安全岛机非共板改造安全岛增加非机动车过街

织设计形式（图6-11）。设置二次过街方式的初衷是为了缩短每次过街的长度并提高交叉口的运行效率，但二次过街也引发了一些交通安全问题，主要表现为两点：一是容易造成行人和非机动车在过街安全岛处的聚集和溢出（图6-12）；二是容易诱发闯红灯行为，反而会引起不安全的问题。当设置二次过街设施后，行人违章穿越的概率大为增加。研究表明，设置二次过街设施后，行人过街最大可忍受等待时间为50s，约为一次过街最大可忍受等待时间（90s）的50%。

因此，不是所有的交叉口都适用二次过街方式，对车道数较少、非机动车流量较高、路中安全岛空间不足的道路，不宜采用二次过街方式；对确实需要二次过街的交叉口，应根据交叉口交通流量及交通设施情况，选用适当的信号控制方式来提升行人及非机动车一次过街比例。信号控制方式参考国内相关城市的经验做法[39]，可采用同步控制方式或协调控制方式。

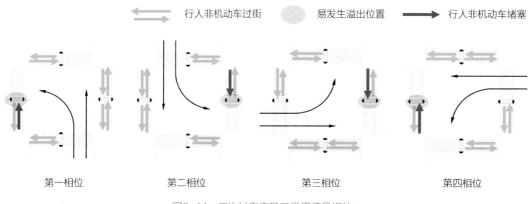

| 行人非机动车过街 | 易发生溢出位置 | 行人非机动车堵塞 |

| 第一相位 | 第二相位 | 第三相位 | 第四相位 |

图6-11 二次过街交叉口常用信号相位

图6-12 行人和非机动车在过街安全岛处的聚集和溢出

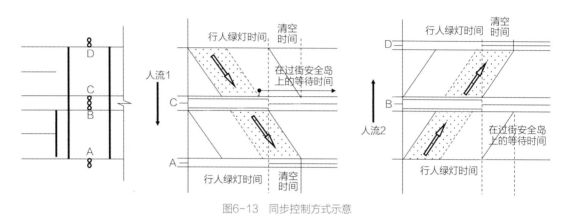

图6-13 同步控制方式示意

1. 同步控制：采用同步控制时，人行横道两端以及安全岛上的行人信号灯始终具有相同的灯色显示。同步控制可以保证人行横道两端大部分行人在一次行人绿灯显示时间内完成过街，用于人流量较大的交叉口（图6-13）。

2. 协调控制：采用协调控制时，人行横道两端以及安全岛上的行人信号灯具有不同的灯色显示。协调控制通过缩短安全岛上的行人绿灯显示时间减少进入人行横道两端的行人量，从而减少安全岛上驻足等待的行人量，适用于行人过街需求不大、安全岛面积较小的交叉口（图6-14）。

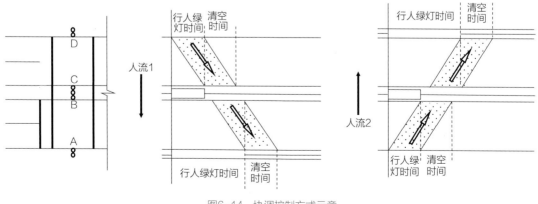

图6-14 协调控制方式示意

6.3　交叉口机动车、行人、非机动车时空分离

交叉口面积较大，且机动车、非机动车流量都较大时，可采用时空分离的放行方法。交叉口机动车、行人与非机动车分离的优化设计首先应具备系统性，即从行人与非机动车连续通行的需求上，明确其各自的连续通行时间和空间，从而保障两种慢行交通模式在各自相对独立的时空内稳定运行，进而减少两者与机动车或两者之间的相互干扰。

6.3.1　增加非机动车专用相位设置减少机非冲突

非机动车专用相位是指全部（或对向）的非机动车在一个独立的相位时间里同时通行，该时段内机动车全部禁行。针对非机动车流量较大的路口，设置专用相位能够提前快速疏散交叉口滞留的非机动车，缓解机非交织冲突，提升通行效率（图6-15，图6-16）。

6.3.2　行人、非机动车绿灯信号提前减少人车交织

通过设置非机动车等候区，即专为非机动车设立、路面施划非机动车等待区标线及提示文字的区域（图6-17），使行人、非机动车和机动车在等红灯时各行其道。同时，将非机动车、行人绿灯信号提前，以减少慢行交通与机动车因抢绿灯时发生碰撞的风险。

6.3.3　非机动车过街带与人行横道分开设置减少人非冲突

在行人过街斑马线一侧设置非机动车过街通道，注意保证非机动车过街通道与行人过街横道的间距，两者间安全距离至少为0.25m，有条件的情况下应尽可能增加安全宽度，同时非机动车过街带应至少满足《深圳市道路设计指引》中要求的单向非机动车道的最小宽度1.5m，并配以不同颜色的铺装和交通标志标线信息（图6-18）。

图6-15　交叉口非机动车专用相位（苏州广济路金门路）

图6-16　非机动车专用信号灯（北京）

图6-17　非机动车左转等候区（左：昆明）和非机动车红灯等候区（右：湛江）

图6-18　非机动车过街带与人行横道分开设置

6.4　交叉口精细化设计，提升交通安全

6.4.1　保障交叉口视距

《城市道路交叉口规划规范》GB 50647—2011规定"平面交叉口视距三角形界内，不得规划布设任何高出道路平面标高1.0m且影响驾驶员视线的物体"。应避免设置过高、过于密集的沿路绿化，确保机动车与慢行交通之间的安全视距。路口视距三角形内的绿化宜采用低矮绿化，不得遮挡视线和信号灯（图6-19、图6-20）。

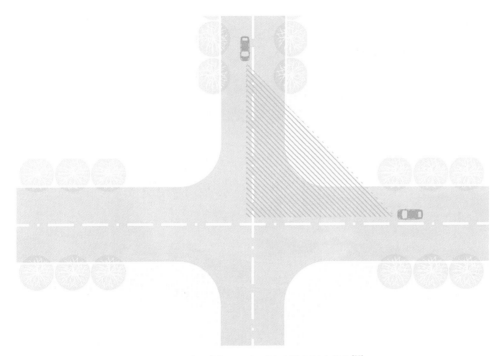

图6-19　路口的视距三角形内应避免过高绿化[36]

图6-20　交叉口视距被遮挡反例

6.4.2 增加隔离设施

交叉口是各类交通方式交织的集中冲突区域，应当加强隔离设施设置，引导机动车、非机动车、行人各行其道；并通过隔离设施的设置为非机动车和行人提供物理防护，在发生事故时起到减轻伤害的作用。与交通安全相关的主要隔离设施包括3类：第一是非机动车与机动车交汇的隔离设施，例如通过在交叉口非机动车道外侧设置导流岛，能够在交叉口明确机动车让行空间，减少了转弯机动车与直行非机动车锐角相交的风险，更好地保障直行非机动车的骑行安全（图6-21）；第二是人行道与机动车道交汇处的隔离设施，通过在交叉口人行过街横道的前后区域增加隔离栏等设施，可以引导行人通过人行横道过街，减少行人从机动车道空间违章过街现象的发生（图6-22）；第三是渠化岛和中央安全岛的防护隔离设施，如隔离栏、隔离墩等，目的是防止交通事故发生时车辆直接冲入安全岛和渠化岛（图6-23）。

图6-21 导流岛使车辆不会威胁到行人和自行车

6.4.3 完善交叉口标志标线

由于历史原因，坪山区的非机动车道多采用人非共板的形式，这种人非共板的设置形式导致非机动车到了交叉口后缺少独立的过街标志标线，只能与行人在同一空间混行过街。随着电动自行车的普遍使用，行人与非机动车之间的速度差增加，在同一空间混行过街时，行人与非机动车之间的交通安全风险越来越大。因此，在交叉口完善非机动车的专用标志标线，为非机动车提供独立过街路权是坪山区交叉口标志标线完善的重点（图6-24）。

图6-22 坪山区金田路—横塘路交叉口增加人行护栏（左为增加前，右为增加后）

图6-23 交叉口渠化岛上的隔离柱与隔离桩

图6-24 坪山区锦绣西路—翠景路交叉口增加非机动车专用标线和标志

坪山实践

1. 比亚迪路与江岭路交叉口

比亚迪路与江岭路交叉口为灯控交叉口，交叉口南侧为比亚迪六角大楼，北侧为江岭社区，人流车流密集，且泥头车、货车较多。比亚迪路为双向六车道的城市主干道，江岭路南侧为双向四车道（交叉口进口道加宽两个车道，出口道加宽一个车道），江岭路北侧为双向两车道。改造前比亚迪路采取机非共板的形式设置非机动车道，但交叉口过街时变为人非混行。由于交叉口设有右转拓宽，过街距离较长，路中安全岛设施简单，人非混行过街存在较大安全隐患（图6-25）。

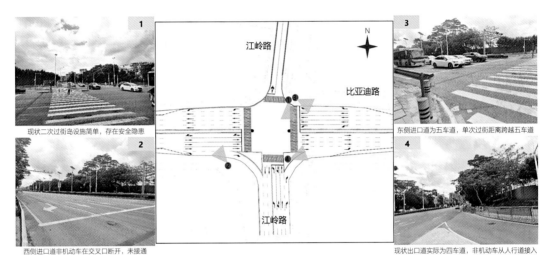

图6-25 比亚迪路—江岭路交叉口改造前路段非机动车道与路口未连接

为了改善慢行过街安全，减小交叉口事故冲突风险，通过取消右转渠化岛、减小右转弯半径，以减小行人过街距离，扩大行人等候面积；通过将东西进出口道的原右转专用道改为非机动车道，并将护栏接入人行道以引导非机动车在正确的位置过街，同时改造现状二次过街岛，完善交通安全设施，提高非机动车过街安全（图6-26）。交叉口改造完成后，非机动车拥有了连续独立的过街带、人行过街等候区面积增加了一倍以上，极大地提升了该交叉口行人和非机动车的出行品质（图6-27、图6-28）；同时由于取消了右转渠化岛，优化了机动车右转流线，也减少了交叉口锐角相交的风险（图6-29）。

2. 建设路与和平路交叉口

建设路与和平路交叉口位于坪山老街，附近分布有坪山街道办、坪山影剧院、坪山旧市场、坪山公园等人流量较大的公共场所，行人、非机动车的出行比例较高。该交叉口改造前存在的问题主要有：街道办进口道方向分隔柱缺失，行人安全保障不足；人行横道标线磨损严重，影响行人过街安全；非机动车过街需求较大，路口非机动车过街标线缺失，人非混行

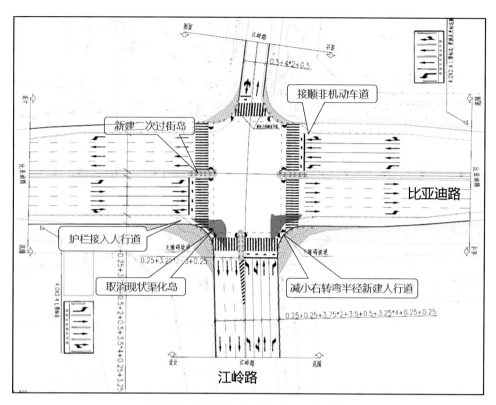

图6-26 比亚迪路—江岭路交叉口改造方案

（左图：改造前 右图：改造后）

图6-27 比亚迪路—江岭路交叉口减小右转弯半径、拓宽行人等候空间

（左图：改造前 右图：改造后）

图6-28 比亚迪路—江岭路交叉口非机动车道延伸至路口

（左图：改造前　右图：改造后）

图6-29　比亚迪路—江岭路交叉口取消右转渠化岛

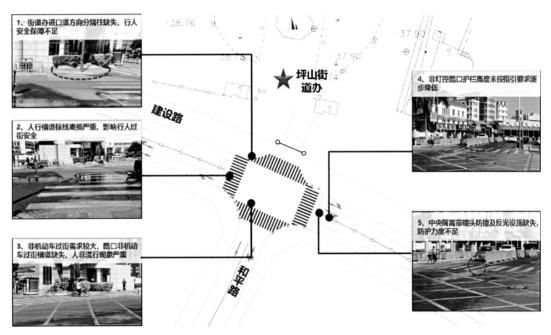

图6-30　建设路—和平路交叉口问题点位

现象严重；非灯控路口护栏高度未按《深圳市道路设施品质提升设计指引》的要求逐步降低；中央隔离带端头防撞及反光设施缺失，防护力度不足（图6-30）。

　　为了解决以上问题，改善交叉口的整体安全性，通过以下几个方面着手改造：在街道办进口道增设分隔柱；交叉口路面增设非机动车过街横道线，并重新施画人行横道线；西进口右转车道增设纵向减速标线；按《深圳市道路设施品质提升设计指引》的要求逐步降低中央隔离护栏的高度，保障交叉口视距；东西两侧进口道护栏端头各增设1个反光砂桶（图6-31）。改造完成后，有利于加强行人过街提醒，规范行人和非机动车的过街秩序，改善交叉口整体安全。

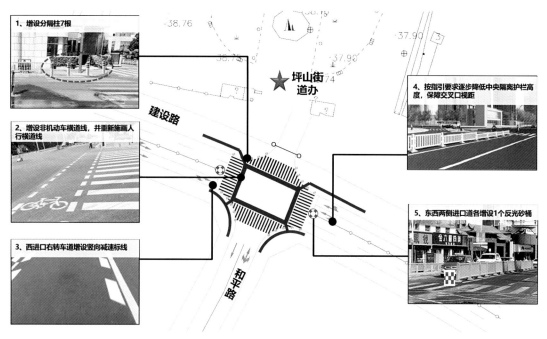

图6-31　建设路—和平路交叉口改善方案

6.5　本章小结

　　坪山区针对区域内的交叉口等交通事故高发点位，开展了一系列的交通安全隐患排查与交叉口微改造与微整治工作。针对区域内交叉口非机动车和行人过街设施不连续、过街等候空间不足、隔离设施缺少或标准不足、标志标线不完善等问题，以加强连续性、完善精细化设计的思想为指导，对重点交叉口进行了快速整改与治理，有效提升了交叉口的交通安全环境。

第7章　完善校园周边设施，打造安全上学路径

　　深圳市在2016年提出"建设中国第一个儿童友好型城市"的目标，并于2018年出台《深圳市建设儿童友好型城市战略规划（2018—2035年）》，提出了"规范机动车交通，划定安全、连续的步行和非机动车行空间，提供独立、安全玩耍的街道活动空间和儿童友好的道路交通设施"的发展策略。

　　在"东进战略"推动下，未来的坪山将是深圳东部唯一的创新产业集群，预计到2030年将聚集超过50万高端就业人才、70万居住人口，而优秀的服务配套、安全高水平的教育环境是坪山吸引人才、提升创新活力的基础。在深圳市建设儿童友好型城市的战略背景下，坪山区高度重视校园安全工作，持续推进校园周边道路交通安全隐患排查与整治工作。在提升道路交通安全的基础上，着手探索建设适合坪山区区情的学道系统，试点从街区尺度构建儿童独立安全活动圈，打造安全、连续的步行路径。

7.1　校园周边交通安全问题与挑战

　　坪山区建区时间较短，城市面貌新旧交错，部分位于旧城旧村内的学校周边交通环境较差，很多学校没有规划临时停车空间，导致上下学期间校门前区出现了交通混乱无序、人流车流溢出到市政道路上的问题，不仅影响学校周边片区的交通状况，也给学生出行带来安全隐患。针对校园周边的安全问题，自2019年起，坪山区每年两次在开学前开展校园周边隐患排查，通过多轮次的隐患排查，总结出坪山区校园周边道路交通设施主要存在以下共性问题：

7.1.1　学校出入口位置不合理

　　由于上下学期间大量学生、家长在短时间内抵离学校出入口，交通量非常集中。当学校把出入口直接设置在城市主干道上时（图7-1），容易在出入口处形成上下学高峰期常态化拥堵，影响主干道的通行效率。同时由于主干道的过街距离更长，机动车速度更快，学生和家长过街时更容易出现安全隐患（图7-2）。

7.1.2　学道功能不完善

　　学道即学童通道，是学生通学路上频繁使用的通道[41]。学道是连接学校与住宅区出入口、地铁站、公交车站、社区公共设施等重要节点，集安全性、舒适性、趣味性于一体的高标准慢行系统（图7-3）。

　　在功能上，学道首先满足交通功能，其次满足儿童的游戏和社交功能。学道功能和学道属性的关系可以抽象表示如图7-4所示：

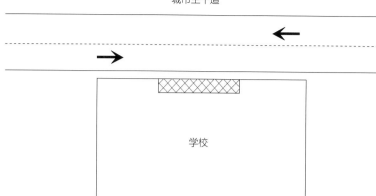

图7-1 学校区位及出入口示意图

图7-2 学校出入口与城市干道直接相连（坪山光祖中学改造前）

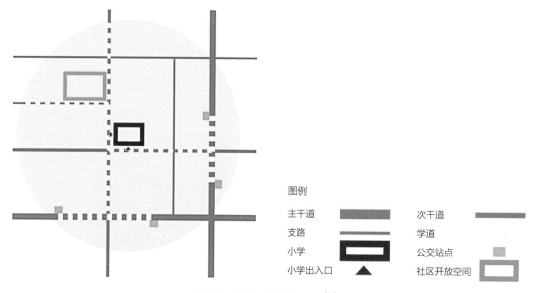

图7-3 学道系统结构示意图[41]

图7-4　学道功能与属性关系

经过多次隐患排查发现，学校周边学道的交通安全设施主要存在以下共性问题：

（1）信号灯及监控设施问题：部分学校周边道路交汇处未设置交通信号灯和交通违法监测记录设备。

（2）标志标线问题：标志标线设置不规范，部分学校周边存在缺少学校路段标志、限速标志及减速带，学校路段标志不清晰、减速提醒待加强、学校门口未施画黄色网格线。

（3）人行设施问题：学校周边的步行设施不连续，人行道宽度不满足2m的最低要求。如学校周边受施工影响未设置临时人行道、部分学校周边缺少过街设施、部分路段的人行道存在被违停车辆或设施占道的问题。

（4）隔离设施问题：位于在建轨道站点附近的学校交通疏解措施不完善，隔离设施缺失或不连续；位于老城区内的学校道路狭窄，部分道路交通组织混乱，未设置人车隔离设施，人车混行严重（图7-5）。

7.1.3　校门前区交通组织无秩序

经过多次隐患排查发现，校门前区的交通组织主要存在以下共性问题：

（1）接送空间不充足：大多数中小学在建设时并未考虑结合校门前区设置接送空间，导致校门前区空间狭窄。上下学高峰时段聚集的大量人流车流容易溢出到市政道路上，与在市政道路上正常行驶的车流和人流产生冲突（图7-6）。

图7-5　学校周边机非混行，缺少隔离的非机动车道（坪山创新学校周边竹青路改造前）

图7-6 社会车辆和接送孩子车辆流线冲突

图7-7 校门前区缺少等候空间

图7-8 校门前区恶劣天气韧性不足

（2）交通组织不合理：校门未区分车行和人行出入口，校门前区没有分隔开步行、非机动车和机动车接送的流线，造成不同交通方式之间冲突加剧、校门前区空间利用率低等。

（3）缺少家长等候区：校门前区缺少供家长休息的等候空间和座椅设施。放学期间前来接学生的家长缺少组织，在等候时随意侵占道路空间，造成交通秩序混乱等（图7-7）。

（4）气候韧性较差：校门前区缺少连续的遮阳设施。为躲避暴晒暴雨，大部分家长会选择开车将学生送到校门口再离开，进一步加剧校门前区人车冲突，增加安全隐患（图7-8）。

7.1.4 校外临时停车缺乏管理

校门前区未规划临时停车空间，上下学时段非机动车、机动车的停车位不足。部分学校存在非机动车停车无序、侵占人行道的问题。大多数开车抵离的家长选择在学校附近路段的两侧临时停车，侵占一条甚至两条车道空间，形成常态化拥堵（图7-9）。在放学时段，学生和家长停留时间较长，容易出现乱停乱放的现象。由于视距遮挡、学生身高较低不容易被看见等因素，高峰期车辆起步时存在安全隐患。

图7-9　大量家长停车等候，造成路面多列车辆并排成长龙

7.2　校园周边交通安全设计策略

从交通安全改善原则的"慢、细、离、连"出发，结合以下5大策略提升校园周边交通安全，打造安全上学路径。

7.2.1　规划先行，出入口避开干道及交叉口

《中小学与幼儿园校园周边道路交通设施设置规范》GA/T 1215—2014中规定：校园出入口不应设置在交叉口范围内，宜设置在距交叉口范围100m以外；不宜设置在城市主干路或国省道上；结合规范要求，对于新建学校，在规划设计阶段，学校选址应在交通便利、环境优美、公共设施完善的地段，学校出入口不应设置在城市主干道上，不宜设置在交叉口100m内。

7.2.2　增加减速提示，降低事故风险

为了提升学道稳静化，可以采取以下几个方面措施：

（1）交通标志标识：应按照标准，在校门上、下游150m半径范围内的道路上设置相应的注意儿童、注意行人警告标志，限制速度标志等（图7-10）。根据需要在进入限速路段或限速区域前可设置相应警告标志和标线[42]。

（2）交通稳静设施：学校周边300m范围内道路的限速值不宜超过30km/h[40]，为保障儿童安全，应设置相应的交通稳静设施。交通稳静化包括设置减速带、路口收窄、缩小路缘石转弯半径、道路偏移、道路窄化、人行横道抬起、共享街道等措施（图7-11）。

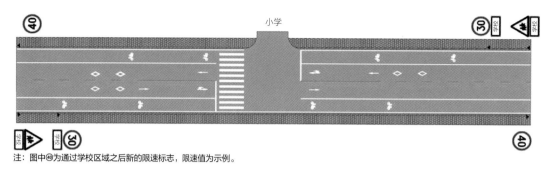

注：图中⑷为通过学校区域之后新的限速标志，限速值为示例。

图7-10　学校附近交通标志

减速带　　　　　　　路口收窄　　　　　　缩小缘石转弯半径

道路偏移　　　　　　道路窄化　　　　　　人行横道抬起

图7-11　交通稳静设施工具箱

坪山实践

1. 光祖中学

坪山光祖中学位于坑梓中心老城区，学校东门正对着光祖北路与坑梓人民路交叉口，周边道路较窄且人流车流密集。光祖北路与坑梓人民路交叉口距离北侧主干路交叉口仅130m，由于改造前交叉口警示设施不足，从主干路转入的机动车速度往往较快。在上下学期间，学生进出校园必须经过交叉口西侧的过街人行横道，由于校门前区缓冲空间较小，当学生经过交叉口时，易与速度较快的社会车辆发生碰撞产生伤亡事故。针对光祖中学周边交通事故风险较高的问题，通过机动车道重新沥青罩面、人行道整治提升以及道路设施优化等措施，打造更加适宜上下学步行、骑行的道路空间。

此外，坪山区还在光祖中学附近的道路上试点设置了一系列减速提醒设施，如能与信号灯同步变色的智慧发光道灯、黄白双色立体醒目斑马线、"望左、望右"提示文字等设施，使交叉口处斑马线整体视觉上像是一条"通道"，尤其晚上或阴天自然光线不那么明

（a）机动车道路面改造前与改造后

（b）智慧斑马线改造前与改造后

图7-12　光祖中学周边道路设施品质提升

亮的时候更能凸显斑马线的存在感，既能提醒学生注意来车方向，又能提醒机动车驾驶员在交叉口前注意车辆减速。同时，通过修复坑洼路面、路口处地面抬高、重新做沥青罩面、重新施划路面标线等措施，强化了人行横道的路权提醒，有效提升了交叉口处师生的过街安全（图7-12）。

2. 坑梓中心小学

坪山区坑梓中心小学为广东省一级学校，位于坪山区坑梓街道吉康路与吉祥路交叉口西北角。小学位于坑梓老城区，校门前吉祥路、吉康路为片区重要交通走廊，交叉口由于几何构型非正交导致视距较差。为提高行人过街安全，通过对吉祥路与吉康路交叉口过街人行横道进行标线绘制、安装反光道钉、设置黄方格等改造，有效加强了过街提示与夜间提醒，为坑梓中心小学的学生们打造一个适宜步行、过街安全的上学环境（图7-13）。

7.2.3　分离机非流线，减少冲突点数量

为了实现行人、非机动车、机动车流线的分离，可采用物理隔离和交通管理手段，实现微观尺度（校门前区）和中观尺度（学校周边）的交通组织。实现方式上，可以在空间上分隔人流和车流（如地面/地下，前门/后门）；利用设施分隔等候空间和上落客空间（如阻车桩、隔离栏、绿化带、缓冲区）；利用交通管理减少流线交织（如利用红绿灯、交通标志等推行路段禁行、单行等管制措施）。

图7-13 学校附近道路上增强减速提示（坑梓中心小学附近路口）

图7-14 设置护栏隔离非机动车道（坪山区新合实验学校周边文合路）

坪山实践

新合实验学校学生的日常接送主要为非机动车和步行，为了改善上下学期间接送秩序，避免机非混行带来交通安全隐患，坪山区对校门口的文合路利用"护栏+划线"方式隔离出非机动车道，同步采取完善标志标线、路口增加车止石等设施，明确非机动车路权，有效改善了学生上下学的交通出行环境（图7-14）。

7.2.4 设置内凹型校门前区，完善功能区

《中小学校设计规范》GB 50099—2011规定："为使师生人流及自行车流出入顺畅，校门宜向校内退让，构成校门前的小广场，起缓冲作用。退后场地的面积大小取决于学校所在地段的交通环境、学校规模及生源家庭情况。"

由于上下学时人流及车流集中且短时流量大、家长等候时间长、气候韧性较差等因素，校门前区宜设置为内凹型，或通过管理手段将校内建筑前空间作为缓冲集散空间，使校门前区能够承担学生嬉戏停留、家长停车上落客、家长等待休憩交流、学校信息展示等功能（图7-15）。

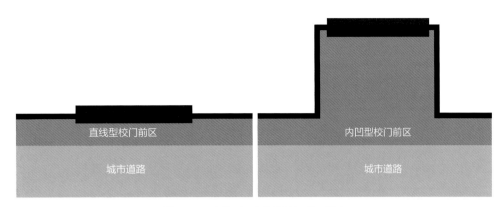

图7-15　直线型及内凹型校门前区示意

当校门前区空间不足时，应结合城市道路空间，保证通学相关功能设置，包括：人流缓冲区、家长等候区、接送上落客区/机动车临时停车、非机动车临时停车等。

坪山实践

1. 东门小学

东门小学紧邻坪山老街和坪山区人民医院，附近道路上的人流量、车流量较大。学校附近沿街店铺较多，非机动车出行比例较高，人行道上非机动车乱停放现象较明显。针对东门小学周边人行道老旧破损严重、非机动车乱停放等问题，坪山区通过重新铺装校门道路人行道、规范设置无障碍坡道、施画自行车停放区和设置自行车锁车架等措施，进一步明确了校门前区的使用方式，规范了非机动车停放，有效保障了行人慢行路权（图7-16）。

2. 锦龙小学

锦龙小学为坪山区高起点、高标准、高投入重点打造的高品质学校，自2019年9月1日正式开学后，在校学生人数逐渐攀升。由于在校学生多为招生二次补录或转学插班的学生，居住片区普遍距离学校较远，家长大多使用电动自行车、私家车接送学生，少部分乘坐有限班次的公交车。受学校自身建筑、周边道路及绿化带等各种因素制约，家长接送学

图7-16　坪山区东门小学门前改造前后对比

（a）学校东门绿化茂盛，缺少家长等候空间（改造前）　　（b）迁移绿化、修建树池、升级地面铺装，改善家长等候环境（改造后）

图7-17　锦龙小学东校门前区改造前后对比

生上下学的区域十分有限。且周边紧邻保障房、高中、医院等多个在建项目，路面大量泥头车、重型车通行。特别是下午放学期间，大量家长因等候空间不足溢出到市政道路上，人车混行，存在较大安全隐患。针对锦龙小学非机动车接送需求较大的情况，坪山区通过升级改造锦龙大道绿地，并围绕原有乔木修建树池，为等候家长提供非机动车停车设施、等候休憩场所等空间，有效改善了锦龙小学周边的接送秩序（图7-17）。

３．中山小学

坪山区中山小学位于坪山大道南侧，牛昌路北侧、振环路东侧，生源主要来自附近的京基御景、君御国际等小区，学生步行上学比例很高。改造前存在候学环境较差、路权不明确等问题。一方面，接送环境缺少避雨设施，下雨天家长学生都极为不便。另一方面，学校周边道路上缺少学生通道指示牌，行人与学生抢道现象严重，学生安全得不到保障。

为了改善学生和家长的出行安全和等候舒适度，坪山区试点在中山小学附近道路上设置学道和风雨连廊，以提高学校周边路段慢行空间的舒适性、安全性。在学道设置上，通过采用统一的学童通道标识，在学校门口以湛蓝色为主色调铺设彩色透水混凝土慢行道，并配以彩色标线和地面彩色标志、立柱式交通标志牌、特色护栏等，连通起校门口到周边各花园小区的安全慢行系统，形成多维立体的"学道"视觉识别系统，提高空间辨识度，并提醒过往车辆注意减速慢行。同时，通过设置风雨连廊连接学校大门与公交站、停车等候区等学生主要集散点，建立起公共交通、步行和骑行的绿色网络体系，有效提升了恶劣天气下的步行通道连续性（图7-18）。

7.2.5　精细化管理，引入科技手段

1．优化信号控制

针对上下学时段流量较大，其他时段流量较小的校园周边路口，可因地制宜地设置路口信控模式，实现按需管控。如在校园周边人车冲突比较严重的路口设置行人专用相位，以快速疏散人群；在校园周边右转和过街需求都较大的路口，将右转圆饼红灯改为控右箭

图7-18　中山小学附近学道增加风雨连廊前后对比

头灯，规范路口行车秩序，保证非机动车与行人的安全。

坪山实践

1. 吉祥路与吉康路交叉口

吉祥路与吉康路交叉口位于坪山区坑梓街道，交叉口西侧为坑梓中心小学。此处为片区重要交通节点，且由于老城区骨干道路稀疏，通过性交通缺少绕行路线，此处车流量较多。由于家长临时停车场和居住区分别位于交叉口东侧和南侧，上下学期间行人过街需求较大。为避免人车交织加剧，交警部门通过优化路口信号控制方案，设置行人专用过街相位，有效提高了行人过街效率，保障行人过街安全（图7-19）。

2. 兰竹西路与甲片路交叉口

兰竹西路与甲片路交叉口靠近坪山实验学校北校区和多个住宅区，兰竹西路也是片区重要的主干道，车流量较大。上下学期间，由于接送学生的车辆与上下班的车辆叠加，加之受道路条件限制（北侧甲片路为双向两车道），导致北进口排队车辆经常回溢至上游甲片路与和政路交叉口。通过优化绿信比，增加北方向配时15秒，优化后路口车辆排队回溢消除（图7-20）。

图7-19　坪山吉祥路—吉康路口调整前后行人方式对比

图7-20　坪山区兰竹西路与甲片路交叉口优化前后对比

2. 设置临时停车空间，挖潜校园周边地块停车供给

《中小学校设计规范》GB 50099—2011规定："为解决家长的临时停车问题，若由学校建停车场则利用率过低，需由社区或城市管理部门结合周边的停车需要统一规划建设。"

坪山实践

坪山坑梓中心小学上下学高峰期人流量较大，大部分家长依赖电动车或步行接送，少数家长选择私家车接送学生。由于学校周边吉康路和吉祥路均为支路，上下学高峰期间学校周边道路存在临时停车空间不足的问题。为缓解高峰期交通拥堵，充分盘活空闲社会停车资源，坪山区积极协调学校附近的商业中心，为前来接送学生的家长车辆提供1小时内免费停放服务。同时，在坑梓中心小学附近路段设置特定时段收费的"宜停车"泊位，避免社会车辆占据路侧长时停车，为家长接送腾出更多即停即走停车位。改善措施实施后，有效缓解了上下学高峰期间家长停车困难问题，减少了因乱停车导致的安全风险（图7-21）。

图7-21　坑梓中心小学附近停车空间设置

图7-22 开展校园模拟道路交通安全体验区（坪山区）

3. 安全教育

开展学生过街安全教育、非机动车行驶安全教育；开展"小手拉大手"活动家长教育等活动（图7-22）。

4. 其他保障措施

如家校警（交警、学校、家长）交通安全护航队、错峰上下学、通学定制巴士等措施。

坪山实践

"家校警"交通安全护航队活动是由深圳市文明办指导，深圳市公安局联合深圳市教育局在全市开展的一项旨在加强校园周边交通秩序、确保学生交通安全的工作。坪山区于2018年设立"家校警"交通安全护航义工队，由交警、教师、学生家长和志愿者组成，每天早、中、晚三个时段开展交通安全护航志愿服务，在学校门口及附近路口引导学生安全过马路，共同管理上下学期间学校门前道路的秩序，及时发现、解决问题。坪山同心外国语学校是深圳市首批开展"家校警"交通安全护航队试点的学校。

为缓解学生上学安全与交通拥堵的矛盾，确保护航工作的顺利开展，深圳市交警支队坪山大队与护航队研究制定方案，针对学校门前复杂的道路情况，开辟出家长送学车辆即停即走的"护航区"，同时结合"护航区"设置雪糕桶、标示牌等交通标志，在设施上全力保障安全。此外，深圳市交警支队坪山大队还对护航队家长进行培训，对交通引导手势等进行规范，提升家长义工自身安全意识；并为家长义工设计制作统一的马甲、帽子、手持安全旗，颜色醒目，易于辨识。在学校上学、放学的两个时间段，深圳市交警支队坪山大队专门安排相应的警力组织指导交通安全护航队的工作，与护航队一起疏导学校周边道路交通，在区域内全力保障交通安全（图7-23）。

图7-23 "家校警"交通安全护航队（坪山坪环学校门前）

7.3 本章小结

在建设儿童友好型城市的战略背景下，坪山区高度重视校园安全工作，持续推进校园周边道路交通安全隐患排查与整治工作。在提升道路交通安全的基础上，积极探索建设适合坪山区区情的学道系统，试点从街区尺度构建儿童独立安全活动圈，打造安全、连续的步行路径，先后完成坪山中山学校、坑梓中心小学、光祖中学等学校周边学道建设，用"绣花功夫"切实改善师生出行体验。除此之外，坪山区还开展"一校一策"专项研究，各相关部门全面调研并整治了全区40余所学校周边的交通问题。

第 8 章　城中村精细化提升，交通设施优化

城中村是我国快速城市化进程中的特有产物。深圳市是全国城中村密度最高的城市之一，城中村以16.7%的土地面积容纳了深圳60%-70%的租赁人口[43]。由于城中村内人口密度高、建设标准低，基础设施陈旧，存在停车占道、消防通道受阻、人车混行严重、慢行及休憩空间不足等一系列交通安全隐患。城中村内交通事故多发，也让公众对城中村的交通安全越来越重视。

8.1　城中村交通安全问题与挑战

8.1.1　道路空间有限，人车混行严重

由于城中村建村时机动化程度较低，村内道路大多逼仄狭窄，没有规划行人和非机动车的专用空间。在城中村有限的道路空间上，同时承担着交通功能与生活功能（图8-1），导致人车混行（图8-2）、机非混行现象突出，存在交通安全隐患[44]。

8.1.2　交通安全设施老化缺失

城中村多为城市快速扩张的衍生物，建筑之间空间狭窄，且配套设施、公共服务水平都远落后于城市其他功能区。由于城中村管理模式粗放，存在路面破损养护不及时、缺少减速带（图8-3）及凸面镜等交通设施的问题，增加了城中村内交通安全隐患。

8.1.3　停车无序，管理粗放

由于建村时机动化程度不高，城中村机动车停车配建标准较低。随着经济和生活水平的提高，城中村内机动车停车问题日益显现（图8-4，图8-5），主要集中在供需不匹配、停车场改扩建困难等，大量车辆无序停放，挤占慢行空间和消防通道，造成交通安全及应急安全隐患。一般城中村内非机动车保有量较高，但缺乏非机动车停车设施，非机动车随意停放杂乱无序，使原本狭窄的道路空间更加不畅。

8.1.4　缺少公共空间，增加人车交织风险

城中村内屡屡发生儿童在停车场玩耍而引发的交通事故。由于城中村在建村初期往往缺少系统的规划和前瞻性，儿童活动空间并不完善。儿童在停车场等空间玩耍时，由于身高较低不容易被看到，容易造成驾驶员在停车过程中与儿童发生碰撞的事故。同时，随着老龄化社会的到来，城中村缺少适老化公共活动空间的问题也日益凸显，导致老年人活动空间与道路交通冲突，存在交通安全隐患（图8-6，图8-7）。

8.1.5　城中村出入口交通与市政道路交通相互干扰

早、晚高峰时进入城中村的车辆较多，由于城中村内道路狭窄，出入口通过效率有限，经常出现出入口处车辆排队停在人行横道，甚至溢出到市政道路上，干扰人行道、非

图8-1　交通性与生活性道路功能重叠

图8-2　城中村人车混行

图8-3　城中村内视距较差，路面养护不及时

图8-4　停车侵占道路空间

图8-5　非机动车停车无序

机动车道乃至机动车道的正常运行。同时，随着城市发展进程的加快，城中村出入口与公共交通基础设施（如公交车站等）的相对位置关系存在不合理的现象，这也是城中村交通安全隐患的重要影响因素（图8-8）。

图8-6 儿童在停车区域跑跳　　　　　　　图8-7 老人儿童在家门口活动

图8-8 城中村出入口交通与公交进站相互干扰

8.2 城中村交通安全设计策略

从道路交通安全改善原则的"慢、细、柔、离"出发，结合以下5大策略提升城中村交通安全。

8.2.1 鼓励支路设置共享街道降低车速，提升混行安全性

道路是城中村最重要的交通载体。根据交通组织方式及道路功能，可将城中村内部道路划分为以下三种类型[45]：

1. 村内主干路：一般指与城中村外部道路衔接，承担进出交通流的道路。车速相对较高，主要满足快速进出的交通功能，兼具生活和商业功能。

2. 村内集散支路：主要承担车辆通行功能，使车辆可由宅间小路汇集到村内主干路上。

3. 宅间小路：主要为村内居民提供舒适的慢行、休闲环境。

对于村内主干路，由于道路宽度存在改造空间，可实行机非分流；对于村内集散支路，由于其道路空间有限，改造难度较大，可通过微更新的手段将村内集散支路以"共享

图8-9　国内外共享街道

街道"的方式进行改造，实行以非机动车优先的机非混行的"共享街道"（图8-9）。通过
设计路面材质及街道景观小品等方法，替代传统道路隔离设施，将传统的路缘石、标志和
信号灯等物理设施替换为综合一体的以人为本的公共空间，创造一个共享型、富有活力的
街景，起到鼓励慢行、提高可达性并降低机动车速度的作用，从而提高集散支路交通出行
安全性。

8.2.2　标志标线精细化设计，增加道路安全设施

针对城中村路面破旧、交通安全设施缺少的情况，需在城中村道路上重点增加路
面标线、限速标志、禁停标线等标志标线和减速带、凸面镜等道路安全设施（图8-10，
图8-11）。

8.2.3　挖潜停车供给，减少无序停车带来的人车冲突

挖潜道路停车空间：在通行需求不大的道路上，可结合步行空间设置"潮汐车位"：
晚上人流较少时段让给汽车停放，白天人流较大时段让给行人通过。具体实施时可以使用
与人行道相同材质的铺装，以体现该空间的特殊性（图8-12）。对于停车矛盾较大而内部

图8-10　坪山老围村地面标线设计　　　　　　图8-11　坪山曾屋村限速及标志标线设计

图8-12　坪山沙坣新村潮汐车位

图8-13　坪山远香村停车位

图8-14　坪山人民医院立体停车楼

挖潜空间不足的城中村，可与公安交管部门、城管部门对接协调，在城中村周边的城市道路上挖潜路内停车供给，针对交通流量不大的道路，为有夜间停放需求的居民提供优惠收费政策等（图8-13）。

　　边角地建设立体停车楼：鼓励有条件的城中村在内部空间或自有用地上解决停车问题，可结合人防工程、绿地、广场、边角地、地面停车场、简易或破旧建筑物等建设或改造增加立体停车设施（图8-14）。

　　智慧共享盘活存量：当停车需求在时间上具有互补性，且毗邻建筑物位置关系合适（驾驶员停车后到目的地的步行距离在可接受范围内，方便在共享车位停车后步行去目的地）时，用地属性不同的毗邻建筑之间可以实施停车泊位共享。停车泊位共享是利用停车需求的时空差异性，通过科学规划、智能管理等手段，使一处停车场能够服务相邻两个或多个区域，满足不同时段车主对停车泊位的需求，最大限度盘活既有停车资源。

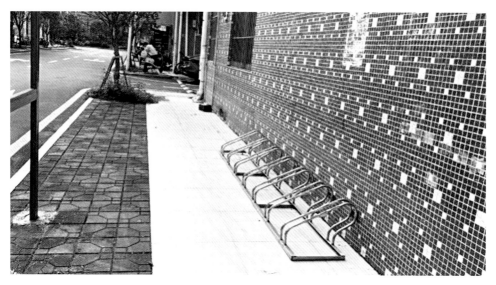

图8-15 坪山石井村非机动车停车架

非机动车停车点设置：停车空间挖潜上，可从机动车停车位及边角空间分出部分空间供非机动车停放；或在不影响正常出入的情况下，在城中村非机动车出入口附近增设非机动车停车点，规范车辆有序停放。停车设施设计上，应结合非机动车停车点布设电动车充电桩，并划定隔离区，避免引起大面积火灾。为了加强非机动车停车空间的标识引导功能，可使用不同颜色或材料区分（图8-15）。

8.2.4 增加柔性公共活动空间，减少儿童老人在道路上活动的风险

结合儿童和老人的日常活动，将城中村内广场、绿地、街角、学校周边等场地改造为公共活动空间。场地的位置应避开主要交通道路及车流量较大的道路，场地周围需要设置隔离带，通过设置慢速车道、减速带、安全标识等方式，提醒驾驶者注意路边行走玩耍的儿童。为增强场地的围合性，可以种植树木绿植形成隔断，让过往车辆减速慢行，产生边界感。为提升活动空间的吸引力，可在场地内设置雨篷、儿童游戏设施、休闲座椅和桌台等设施（图8-16）。在空间设计上，公共活动空间的地面要采用有一定弹性和缓冲性的材质，尽量避免大面积的硬质铺装，以减轻儿童摔倒后的磕碰擦伤。活动场地内至少要有一条连接出入口的无障碍通道，避免路缘石、台阶、车止石等设施阻碍行动障碍人士进入活动场地（图8-17）。

8.2.5 分离流线冲突，降低出入口交通对市政道路的干扰

当城中村出入口位于主干道等交通流较大的道路上时，车辆"左进左出"会对市政道路造成较大干扰。为消除左转车辆带来的干扰，可依据"右进右出"的模式规划城中村出入口功能和内部交通流线，辅以交通标志标牌设施，通过"绕行附近道路、单行管控、出入口分离"等交通组织方式，引导进出城中村的车辆从"左进左出"变为"右进右出"。

图8-16 坪山石井太阳村公共空间

图8-17 无障碍设计

当高峰期城中村出入口处车流溢出到市政道路上时，可后撤岗亭位置，给进入城中村的车辆提供排队缓冲区，以减少车辆在进入城中村时因岗亭阻挡而占用人行横道排队的情况，从而减少车辆与人行横道上行人的冲突。

坪山实践

1. 石井街道太阳村

自2018年城中村综合治理项目启动以来，石井街道顺利完成17个城中村的综合治理。其中，李屋、岭脚、太阳村、田头埔等4个城中村于2020年通过全市城中村综合治理优秀项目考核验收，成功创建为市级优秀城中村综合治理项目。

石井街道太阳村作为坪山区首批"城区运营市场化、专业化改革"的试点之一，与社会各方合作开展市政管养、城市管理和治安消防安全等工作。结合城中村改造完善石井围慢行系统，全面实施人车分离，注重慢行品质和环境，打造安全、便捷、舒适的社区交通环境，力争打造成坪山高新大道上的重要休闲节点，为辖区创新人才和科教人才服务，为全区城中村交通安全和停车治理提供可复制、可推广的经验。试点改造之后，太阳村内道路干净整洁，车辆停放整齐，健身器材安装就位。闲置土地被利用整理成社区小公园，供居民休闲使用。同时，坪山区挖潜闲置土地资源，建成了太阳居民小组机械式立体停车库，有效满足了居民停车需求（图8-18）。

2. 坪山石井村

坪山石井村针对现状村内人车交通组织混乱的问题，对石井村内的社区空间进行了重新设计与优化。通过优化交通组织，施划交通标线，将非机动车道喷涂为蓝色，从而明确路权，实现人车分流，构建安全、连续、便捷、舒适的高品质慢行交通体系和慢行空间环境，为居民提供更好的出行体验（图8-19）；针对城中村停车难、乱停车问题，通过充分挖潜城中村内的可用空间，科学布设机动车和非机动车停放设施，规范居民停车行为，共新增67个机动车停车位、22个非机动车停车位（图8-20）。石井村以"安全、

图8-18　坪山区石井太阳村试点改造

图8-19　坪山区石井村道路断面及停车场设计

图8-20　坪山区石井村规范停车后人行道空间得以释放

安心、安宁"为目标，通过实施人车分离、设置连续便捷的慢行系统、挖潜停放设施等一系列举措，推动了石井村交通出行环境和品质的大改善、大提升，探索出城中村交通治理新模式。

8.3　本章小结

城中村是深圳市及坪山区普遍存在的一种城市发展形态，在未来长时间内城中村将继续作为城市的重要组成部分而存在。如何改善当前城中村中人车混杂、停车无序带来的交通安全风险是提升城中村交通安全水平的重点。坪山区近年来高度关注城中村的交通环境改善，已完成了对部分城中村交通隐患的排查和整治工作，为城中村交通安全提升积累了宝贵的实践经验。但城中村的交通安全治理是一个系统复杂的工程，为了更好地保障居民生活和出行安全，需要进一步加大基础设施和公共服务投入，从源头上改善城中村的交通出行环境。

第9章 加强占道施工交通安全设计与管理

坪山区现阶段正处于大开发、大建设的关键阶段，大量城市更新和新建项目在建，地铁、城际等轨道线路也处于建设阶段，在区内存在大量占道施工路段，给道路带来诸多安全隐患。为进一步加强和规范建设项目占用、挖掘城市道路施工管理，有效降低建设项目对城市交通安全的影响，加强占道施工交通安全设计与管理势在必行。

9.1 占道施工交通安全理论基础

城市道路占道施工改变了既有交通环境，交通参与者需要适应新的、更复杂的道路条件和交通条件。由于占道施工路段沿线交通控制设施变化较多，导致交通参与者经过占道施工路段时需要作出反应的频次加快[46]，极易由于操作不当、设施不全等因素发生交通事故。

《道路交通标志和标线 第4部分：作业区》GB 5768.4—2017规定，占道施工作业区由警告区、上游过渡区、缓冲区、工作区、下游过渡区和终止区六个区域构成（图9-1）。

占道施工交通控制区各区段交通安全特性呈现规律性特征：工作区交通事故发生概率最高，终止区发生事故的概率最低。警告区的道路交通事故多为追尾事故；进入过渡区后则由于同向车道变少而产生争抢车道的现象，导致同向刮擦事故显著上升；当车辆经过与作业区并列的通行区段时，追尾和同向刮擦的事故数量减少，而与路外固定物体相撞和成角度碰撞的事故数量增加（表9-1）[47]。

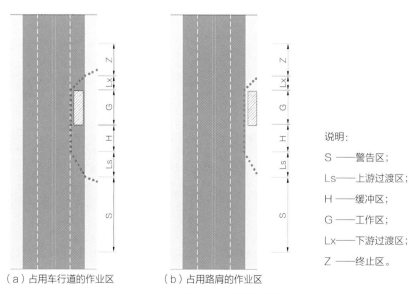

（a）占用车行道的作业区　　（b）占用路肩的作业区

说明：

S ——警告区；
Ls——上游过渡区；
H ——缓冲区；
G ——工作区；
Lx——下游过渡区；
Z ——终止区。

图9-1　作业区组成图

占道施工交通控制区常见事故类型　　　　　　　　　　表9-1

区段名称	事故类型
警告区	追尾事故
上游过渡区	刮擦事故、追尾事故
缓冲区	刮擦事故
工作区	与固定物、施工车辆的碰撞事故
下游过渡区	刮擦事故、追尾事故
终止区	较少发生事故

9.2　占道施工交通安全问题

一般而言，占道施工路段上的交通安全问题可分为设施安全类与机制管理类两大类。设施安全类主要包括：慢行系统类、行车安全类、标志标线类和其他问题四类；机制管理类主要包括：审批类和监管类两类（表9-2）。

占道施工隐患分类　　　　　　　　　　表9-2

隐患类别	问题分类	具体问题
设施安全类	慢行系统类	慢行系统不连续
		慢行系统通道宽度不足
		慢行通道因积水等原因无法通行
		慢行通道缺少必要的引导标志
	行车安全类	视距不良
		速度控制不合理
		缺少交通防护措施
		道路线形较差
		临时路破损严重
	标志标线类	警示标志设置不合理或未设置
		交通标线混乱不清
	其他问题	施工区域照明不足
		临时公交站设置不合理

隐患类别	问题分类	具体问题
机制管理类	审批类	未经审批的占道施工
		超范围的占道施工
		超时限的占道施工
	监管类	机制缺失
		人员监管缺失
		车辆监管缺失
		管养责权转移不及时

9.2.1 设施安全：慢行系统类

1. 慢行系统不连续

部分疏解路段未设置连续的临时慢行系统和清晰明显的行人引导标志，导致慢行交通流被迫进入机动车道混行，市民无路可走，存在交通安全隐患（图9-2）。

2. 慢行系统通道宽度不足

受周边用地限制等因素影响，部分占道施工疏解路段的慢行系统宽度仅为1-1.5m，宽度不足，行人双向通行存在困难，体验感差。同时，慢行系统宽度不足会逼迫非机动车在机动车道内行驶，非机动车和行人交通存在较大的安全隐患，增大了交通事故风险（图9-3）。

3. 慢行通道因积水等原因无法通行

部分疏解路段虽然布设了临时慢行通道，但由于各种问题没有及时得到整治（如夜间照明不足、路面积水严重、人行道存在高差、管线维护施工等），导致慢行系统不连续，行人和非机动车难以正常通行（图9-4）。

图9-2　占道施工期间未设置临时人行道

（左为反面案例，右为正面案例）

图9-3　慢行系统通道宽度不足

图9-4　慢行系统积水严重

4. 慢行通道缺少必要的引导标识

部分慢行通道缺少必要的引导标识，行人不了解慢行通道的位置，闯入机动车道的可能性大幅提高，从而造成交通安全隐患（图9-5）。

9.2.2　设施安全：行车安全类

1. 视距不良

受施工围挡设置影响，占道施工项目沿线途经小区及地块出入口的转角处会存在视距不良的问题，极易发生"鬼探头"事故（图9-6）。

2. 速度控制不合理

施工路段车辆发生事故往往是因为车速过快而导致的。《中华人民共和国道路交通安全法实施条例》第八十四条规定：机动车通过施工作业路段时，应当注意警示标志，减速行驶。部分施工区域未严格按图施工、上游未合理设置限速标志、减速标线等设施，致使车辆存在超速问题，存在较大危险隐患（图9-7）。

（左为反面案例，右为正面案例）

图9-5　慢行系统缺少标识

图9-6　施工围挡路段视距不良

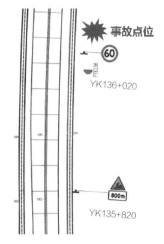

图9-7　施工路段限速与图纸不符（图纸为60km/h，实际为80km/h）

（左为反面案例，右为正面案例）

图9-8　缺少交通防护措施

图9-9　交通疏解路段道路线形不佳

3. 缺少交通防护措施

部分疏解路段、深基坑未设置足够的交通防护设施，急弯、陡坡及其他道路线型较差路段未设置相关诱导标志，或标志设置不醒目，未有效提前引导车辆安全通行（图9-8）。

4. 交通疏解路段道路线形不佳

在交通疏解方案及施工图设计阶段，受用地红线等因素限制，部分路段在转弯时不得不采取规范中的极限值，容易忽略道路的超高、加宽、竖曲线长度、最小坡长、合成坡度等问题，导致道路线型不佳（图9-9）。

5. 临时路破损严重

道路施工期间部分临时路标准较低，大型车辆碾压后导致路面破损严重，部分井盖下沉，部分管线施工后未按原状恢复路面（图9-10）。

（左为反面案例，右为正面案例）

图9-10　临时路破损严重

图9-11　警示标志设置不合理（未在上游过渡区设置警示标志）

9.2.3　设施安全：标志标线类

1. 警示标志未设置、设置不合理或损坏严重

全天作业或限时作业未按照警告区、上游过渡区、缓冲区、工作区、下游过渡区、终止区设置相应的警示标志；或部分警示标志设置位置不合理、存在倾斜或损坏严重，导致警示标志未能起到警示效果（图9-11）。

2. 交通标线混乱不清

交通疏解方案调整后容易发生交通标线擦除不及时、标线混乱不清等问题，造成行人、车辆驾驶员等的误解，存在道路交通安全隐患，极易导致交通事故的发生（图9-12）。

（左为反面案例，右为正面案例）

图9-12　占道施工期间交通标线混乱不清

图9-13　占道施工期间照明不足

9.2.4　设施安全：其他问题

1. 施工区域照明不足

部分占道施工路段会侵占现状部分绿化带和人行道作为临时机动车道，将原有照明设施迁改后，未及时布设临时照明设施，或布设密度过低、灯具亮度不足导致占道作业范围内照明不足，给途经的交通参与者带来较大安全隐患（图9-13）。

2. 临时公交站设置不合理

部分占道作业路段的临时公交站设置距离交叉口或地块出入口过近，导致车流交织，增加交通安全隐患。

9.2.5　机制管理：审批类

审批类问题主要以未经审批的占道施工、超范围的占道施工、超时限的占道施工这三类问题为主。

（左为反面案例，右为正面案例）

图9-14　临时公交站设置案例

9.2.6　机制管理：监管类

监管类主要以机制缺失、人员监管缺失、车辆监管缺失和管养责权转移不及时为主。

机制缺失，主要体现在缺少"发现、分析、整改、检查"的闭环管理模式，缺乏进行常态化、长效化的占道交通安全管理理念，难以形成占道交通安全齐抓共管、协同共治的良好工作格局。

人员监管缺失，以缺少人员的日常培训和项目管理人员的交通安全意识不强为主要问题。施工单位难以定期对作业人员进行作业交通知识宣传、交通法律法规知识宣传和安全作业教育措施宣传（图9-15）。

车辆监管缺失，问题多以车辆超载、超速行驶等为主。同时车辆缺少必要的保险、保养、运输资质和年检等相关安全保障。

管养责权转移不及时。道路完工通车未移交期间，存在道路管养的空白期，此时道路

图9-15　人员监管缺失问题（人员未穿反光背心，未佩戴安全帽等防护措施）

及设施容易处于"三不管"状态，即施工单位因完工而无人管理、辖区交通部门因未移交无法管养、交警部门因未移交无法执法。该时期，道路路面、慢行系统、标志标线等可能因使用而受损，若未及时处理，容易产生安全隐患。

9.3　占道施工交通安全设计策略

为切实保障各类人员通行安全，确保居民基本出行和施工都能顺利进行，实现交通运行稳定连续，最大限度地减少占道施工项目对城市交通安全造成的影响，本节从两大类交通安全问题，即设施安全问题（"硬性问题"）和机制管理问题（"软性问题"）出发，提出以下4大策略提升城市道路占道施工交通安全。

9.3.1　绿色交通优先，完善慢行系统

在制定交通疏解方案前，需对施工区域沿线用地性质进行分析，首先保障施工地点周边居民的基本出行，尽可能不对周边区域居住、商业等业态的出入口产生阻隔。对于重要的商业、办公、居住区及学校等重点场所，考虑到这些区域的公交和慢行需求强度较高，应合理规划临时公交站与占道作业区域、公交站与慢行系统的关系，优先保障慢行和公交使用空间，维持公交和慢行系统在一定的服务水平，保障行人、非机动车、公共交通等绿色交通方式的优先通行。

针对交通疏解期间慢行系统体验感差的问题，需研究施工区域周边用地性质及人流量，提高行人及非机动车的优先级，保证慢行系统的宽度和连续性，并设置清晰完善的慢行引导。根据深圳市《道路设计标准》SJG 69—2020的规定，人行道宽度不应小于2m。施工单位应严格按图施工，定期派人巡查，及时对慢行系统无法通行（积水、人行道存在高差、管线维护等因素造成）的点位进行整改，保证行人及非机动车正常通行。

坪山实践

1. 黄竹坑路市政工程（一期）

黄竹坑路位于坪山区坪山街道，是中集集团、千浪化工有限公司及附近居民和工人对外出行的主要联系通道，日常通勤出行需求较高。黄竹坑路市政工程施工疏解期间，存在慢行系统不连续、地面标线不完整、缺少慢行标识等问题，给周边居民和工人出行安全带来很大风险。在坪山区开展的占道施工隐患排查专项行动中，对该施工点位通过完善慢行标志标线、预留慢行通道空间等措施，及时整治，有效保证了慢行系统的连续及通畅（图9-16）。

2. 地铁16号线技术大学站

地铁16号线技术大学站为在建地铁站，位于坪山区兰田路与创景路交叉口。站点周边分布有深圳技术大学、深圳市职工继续教育学院、东鹏工业园等诸多院校与企业，慢行出

（a）隐患治理前

（b）隐患治理后

图9-16　黄竹坑路慢行隐患治理前后对比

行需求旺盛。受地铁16号线技术大学站施工影响，深圳技术大学附近的临时人行道设置空间不足，宽度不到1m，且设施不完善，经常因为积水影响行人通行。在坪山区开展的占道施工隐患排查专项行动中，通过梳理站点沿线施工区域周围人行道，对破损、积水、有高差、铺装不完整、平整度较差的慢行系统和相关设施及时进行整改，加宽人行道，改善坡度，提升了临时人行道出行品质，有效改善了行人通行环境（图9-17）。

9.3.2　优化交通组织，确保行车安全

为减轻占道施工对道路交通的影响，确保交通能够安全运行，需要从路网交通分流、路段节点控制、施工区域节点控制三个层面对路段通过性和到发性交通开展社会车辆与施工车辆的交通组织优化[47]。

1. 路网交通分流

把整个道路网络看作一个有机整体，占道施工所折减的道路通行能力必然需要通过其他的方式来弥补。路网交通分流的方式主要有以下三种。

（左为慢行隐患治理前照片，右为隐患治理后照片）

图9-17　地铁16号线技术大学站慢行隐患治理前后对比

（左为交通疏解告示牌样式，右为行人绕行提示牌样式）

图9-18　绕行告示牌样式

　　方式一：使通过性交通流提前转移至替代通道上。根据交通量调查和交通预测结果，结合施工阶段，综合考虑施工期间路网条件、交通流特性、工程施工特性、分流路线的道路交通情况等因素，确定分流车型、分流时间和分流路线，尽量减少绕行距离和附加费用。最后根据分流方案划定分流关键节点，合理设计、设置交通诱导标志标线、电子显示屏等必要分流引导设施（图9-18）。

　　方式二：增加系统的交通供给。遵循"占一换一"的交通组织基本原则，新建分流道路、桥梁，打通断头路提高分流效率，拓宽被占道路提高通行能力。

　　方式三：优化出行结构。通过优化公交运行线路，实行公交优先政策，提高公交服务水平，加强舆论宣传，鼓励市民尽量采用公交出行等方式，将占道施工对公交运行的影响降到最低，减少占道施工影响地区的小汽车交通量。

　　2. 路段节点控制

　　为提高路网关键节点上的诱导分流效果，可对关键节点采取强制管制措施，达到对交通实行强制分流的目的。如对占道施工影响区域内关键的交叉口进行渠化，重新施划道路标线，合理划分车道和信号配时，减少进入占道施工区域的交通流量，均衡路网交通压力。

3. 施工区域节点控制

施工期间，为减少交通压力，施工车辆应避开早晚交通高峰，进出场及围挡迁移等，一般在夜间或交通流量较小时段进行。届时需安排专职安全员维护、疏导交通，施工人员一律穿着反光衣，佩戴安全帽。特殊路段需设置限速慢行、前方施工、车辆绕行等警告标志，也可以施划道路标线或安装防撞设施在施工区域对交通流进行引导，在施工节点进行控制，使得交通运行更加顺畅高效（图9-19）。

图9-19　施工区域限速、绕行等标志牌

坪山实践

1. 地铁16号线坪山中学站

地铁16号线坪山中学站位于东纵路与马峦路路口附近。东纵路是坪山区东西向主干道之一，且施工段道路位于老城核心区域，途径车辆众多。此处施工入口区域新旧路面标线未能有效衔接，同时波形梁护栏端头缺少保护措施，导致交通流线不清晰，社会车辆易驶入施工区域。为确保交通流线顺畅，施工单位对路段进行了全面巡查，及时整改混乱、模糊的标线，同时在护栏端头设置防撞砂桶，增加保护措施，有效减少了社会车辆意外驶入施工区域的情况（图9-20）。

2. 龙兴路道路改造工程

坪山区龙兴路（坪地至坑梓连接道路南段）道路改造工程项目工地出入口位于坪山妇幼保健院南侧，大型车辆频繁进出对来往行人和车辆带来较大安全风险。为保证施工场地外交通秩序良好及道路交通安全，施工场地内施工作业有序进行，施工单位及时安排人员落实了三个"有人指挥"——即占道施工端头、施工车辆进出工地、场内施工作业时必须安排专人指挥。指挥人员穿戴安全帽，身着反光衣，手持反光指挥棒，有序指挥车辆通行，提升了施工路段的交通安全（图9-21）。

（左为施工区域隐患治理前照片，右为隐患治理后照片）

图9-20　地铁16号线坪山中学站慢行隐患治理前后对比

（a）隐患治理前　　　　　　　　　　　　　（b）隐患治理后

图9-21　龙兴路施工区域慢行隐患治理前后对比

9.3.3　深入调查需求，优化疏解方案

占道施工项目易造成城市道路通行能力下降、交通环境复杂，任何一个小的细节出现问题都会给脆弱的占道施工路段埋下安全隐患。同时，由于交通疏解方案频繁变更易引起社会负面情绪，方案应保持相对稳定，避免造成交通参与者识认困难，引发拥堵和事故。

因此，在设计占道施工交通疏解方案之前，首先要对施工项目影响范围内的土地利用、道路交通设施、居民出行特征等进行详细的调查。在调查的基础上，要充分考虑各类交通参与者的识认性和通行特性，明确各类交通参与者的流线和流量。通过合理布设交通设施，避免流线的交叉、突变和流量的短时过度集中问题，保障慢行空间基本安全，并尽可能减少绕行路线。为施工车辆和人员划定专用的通行时间和路线，减少对正常交通的干扰。下面以行车安全类中的视距、道路线形和速度控制这三个问题为例，阐述如何精细化优化占道施工疏解方案。

1. 视距优化改善

由于施工围挡设置而导致部分小区、地块出入口转角处视距三角形范围内易存在视距不良的现象。小区、地块出入口为行人、非机动车、机动车的通行密集区域，此处因施工围挡导致视距不良极易发生"鬼探头"事故。同时，在部分路口、学校路段或小半径的急弯处，也存在一定的视距不良问题。部分施工单位虽设置了透明围挡，但设置不规范无法保证视距通透，同样存在较大的安全隐患。

深圳市《道路设计标准》SJG 69—2020规定：交叉口视距平面交叉口视距三角形范围内不得有任何高出路面0.7m的妨碍视线的障碍物。深圳市《占道作业交通管理设施设置技术指引（试行）》针对围挡设置提出：高度不宜低于1.8m，距离交叉路口及设置人行过街横道处20m范围内的设置高度宜降为0.8–1.0m，其上部宜采用通透式围挡搭设至原设置高度（图9-22）。

图9-22　设置透明围挡前后

2. 道路线形优化改善

道路线形方面，交通疏解阶段，受用地、红线等因素影响，部分路段转弯时采取规范中的极限值，容易引发交通事故。

3. 速度控制优化改善

《中华人民共和国道路交通安全法实施条例》第八十四条规定："机动车通过施工作业路段时，应当注意警示标志，减速行驶。"施工路段车辆发生事故往往是因为车速过快而导致的，需要完善施工区域上下游的限速标志，适当地通过设置减速线、缩窄车道宽等方式降低车辆速度。应当充分考虑施工区的交通流特性，采用引导性或强制性手段，促使驾驶员按照规定的速度行驶，缩小速度差，减少追尾事故发生。

坪山实践

地铁16号线坪山围站

地铁16号线坪山围站位于深汕路与坪山大道交叉口处，为在建车站，施工路段位于坪山中心区核心位置，周边社会车辆众多。在整治前，施工围挡连续急弯处未设置减速标志标线及线形诱导标，路中围挡外侧未设置防撞设施，提示较弱，存在安全隐患。为提升此处行车安全，通过设置减速标线、在道路线形变化处增加防撞桶、在急弯处增加警示标志及线形诱导标等措施，有效加强了道路线型变化提示，改善了行车安全（图9-23）。

（左为机动车道隐患治理前照片，右为隐患治理后照片）

图9-23　地铁16号线坪山围站西侧机动车道隐患治理前后对比

9.3.4　加强施工管理，确保施工安全

施工管理策略以机制管理和现场管理为两个主要方向。

1. 机制管理

为保证交通疏解方案的实施效果，需要配合建立完善的占道施工管理机制。各施工单位应定期指派人员开展施工现场隐患自查工作，及时整改，并不定期针对整改情况进行复查，充分发挥"发现、分析、整改、检查"的闭环管理模式优势，夯实企业安全生产主体责任。有条件的施工单位可成立项目交安站，配置独立办公室，制作牌匾，配备办公设备、安全防护装备，并安装视频对讲设备，统一连接至视频调度平台，从而进一步加强常态化、长效化的占道交通安全管理，推动形成占道交通安全齐抓共管、协同共治的良好工作格局（图9-24）。

2. 现场管理

现场管理有以下四个方面的主要内容：

（1）防止施工现场扬尘、溢水等污染道路通行环境，完善照明灯、警示灯、反光标志等设施（加强对占道施工路段交通参与人员的提醒）（图9-25）。

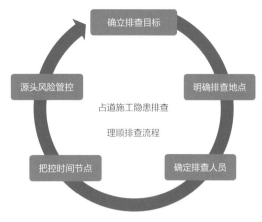

图9-24 占道施工隐患排查流程图示

图9-25 施工照明灯示意

（2）施工作业相关车辆和人员划定专用的通行时间和路线，减少对正常交通流的干扰。

（3）针对占道施工期间极易发生的施工地段塌陷、市政管线断裂、道路交通事故等突发情况，制定交通管理应急预案，在施工现场或附近合理布置应急管理设施。

（4）施工结束后，部分占道施工路段在道路恢复时，原状恢复已不能满足现有标准及景观需求，建设部门应当根据原状道路存在的问题进行优化升级，通过开展路口精细化设计，优化交通组织，提高道路通行效率。对于部分交通量较大的交叉口，可采取"借道左转"、"潮汐车道"、"移位左转"等新型交通组织方式；对于部分支路路段，可采取单行或微循环等交通组织消除路口冲突点、减少交通事故、提升区域通行效率。

坪山实践

坪山区多次开展了建设项目占道施工作业管理水平提升专项行动，从技术要求到工作方法均形成了较为完善的机制，具体如下：

1. 制定《坪山区占道作业交通管理设施设置技术指引》

2021年3月，坪山区组织编制了《坪山区占道作业交通管理设施设置技术指引》，指引中明确各类交通参与者的通行路权，最大限度减小了占道施工对车行道、慢行系统的影响，严格要求按照技术指引设置安全设施，推动坪山区占道施工作业管理工作水平不断提升。

2. 制定《占道施工作业管理水平提升专项行动方案》

为进一步规范道路占用、挖掘行为，加强占道作业交通安全设施管理，保障道路通行效率，尽量减少施工对城市交通及噪声扰民影响，2021年5月，坪山区制定了《占道施工作业管理水平提升专项行动方案》，并在全区开展专项行动。

3. 制定《深圳市坪山区占道施工隐患排查工作手册》

为帮助坪山区在建市政道路、轨道等项目的建设单位、监理单位及施工单位建立常态化的隐患排查机制，为施工单位日常自查及监理单位监察提供指引，2022年坪山区交通轨道管理中心牵头制定了《深圳市坪山区占道施工隐患排查工作手册》。手册以短期内消除占道施工项目交通安全隐患、长期提升占道施工交通安全管理能力为目标，以排查隐患、治理隐患、源头管理、长效排查、常态监管为抓手，提升施工期间区域交通安全，减少占道施工对城市交通的影响。

4. 组建巡查小组开展日常巡检

坪山区隐患巡查小组对全区6个街道的占道施工隐患进行日常交叉排查。排查过程中小组成员通过不同视角、不同维度进行分析，合理有效地减少了占道施工事故的发生。

9.4 本章小结

坪山区在2019–2021年间针对占道施工作业开展了多次隐患排查，共排查隐患4305处，治理4305处，治理率100%，为坪山区交通安全及占道作业安全提供了有力保障。

第10章 全过程安全审查，多部门协同保障

交通安全全过程安全审查，全社会、多部门共同管理是国内外交通安全提升的共同认知和有效经验。本章首先探讨全过程安全审查的概念和全球实践，以及多部门、全社会参与提升交通安全、降低亡人和重伤事故的实践；其次探讨交通安全审查这一从规划设计到建设、运营全周期道路安全保障方法论；最后探讨坪山多部门、全过程交通安全保障的实践。

10.1 全社会、多部门交通安全管理

前面章节讨论了降低交通事故率的关键系统和场景设计，这些设计对降低交通事故率，特别是降低交通事故的伤害程度甚为关键（Engineering）；然而，提升交通参与者的交通安全意识，提高出行安全行为水平，则需要全社会重视交通安全教育（Education）。同时，公安交警是交通安全执法的保障（Enforcement），而降低交通事故的事后伤害，降低亡人事故率，则需要医疗救援的快速反应能力和高水准的医疗水平（Emergency response）。图10-1反映了全社会参与综合治理的主要相关机构，也展示了交通安全保障是一个从预防到管理的全过程。

例如，欧共体为交通建立了常设机制，并根据欧洲交通安全的挑战，提出了全社会共治的对策（图10-2），同时成立了欧洲运输安全委员会（ETSC）及欧洲道路安全联合会（ERSF），ETSC通过"安全委员会道路安全指数"（ETSC Road Safety Performance Index）公布各国交通安全状况，制定交通安全策略，组织相关活动和会议，并颁发奖状。据ETSC统计，欧盟26国年均交通死亡人数为9500人，70%为道路交通弱势使用者（行人、

社区协作解决伤害问题

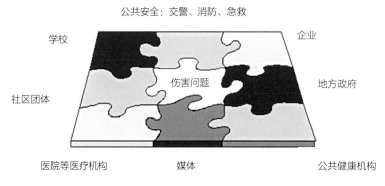

图10-1 全社会参与综合治理

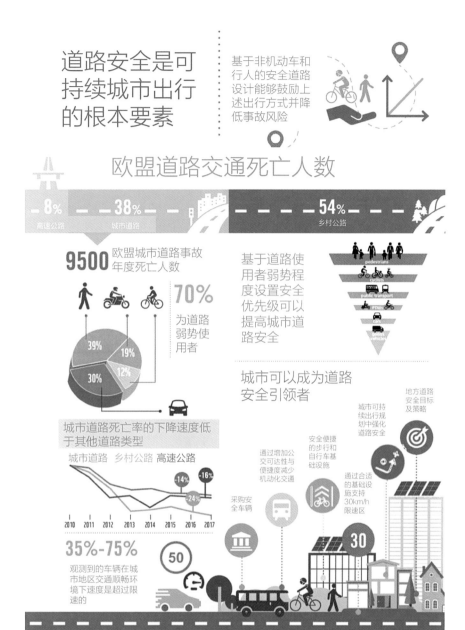

图10-2　欧共体交通安全治理体系

非机动车驾驶员），分析发现，随着汽车技术标准日益严格，汽车用户死亡率下降很快，而行人和自行车死亡率下降不显著；电动车、网约车和快递配送车也给欧盟的交通安全形势带来立法和设计的挑战，欧盟正在大力推动步行、自行车和电动车的交通安全技术提升和标准建立。

　　在我国开展全过程交通安全管理，从设计、实施到执法、管理涉及规划、交通、城管、交警等多个部门，需要各部门通力协作，形成合力，才能做好交通安全管理工作。坪山区集全区之力，从编制精细化设计的《坪山区城市道路设计指引2.0（试行）》，到各章所述的交通安全微改造方案编制，再到方案审查，形成了坪山交通安全治理机制。

10.2　交通安全审查全过程管理风险

10.2.1　交通安全审计概念

道路交通安全审计是指客观审计现有道路、规划道路、交通工程及与道路使用者相关的工程。在审计工作中，具有道路交通安全审计资格的审计人员独立调查工程中潜在的安全隐患，提出消除或减轻安全隐患的保障措施，并给出审计报告，使规划、设计、施工不仅技术合理、经济可行，而且安全可靠。道路交通安全审计是对现有道路、规划道路、交通工程或道路使用者有关的任何工程的一个正式的审查。审查组由一个或一组独立的、有资格的检查者组成，审查工程项目发生事故的潜在危险性及安全性能。其必需的元素包括：

（1）它是一个正式的审查；

（2）它是一个独立的不受影响的过程；

（3）由具有丰富经验的受过专业训练的人员执行；

（4）其范围仅限于道路安全问题。

道路交通安全审计是由符合相关资质的专业团队对道路交通潜在风险进行独立客观的调查，提交正式审计报告，列明安全隐患，并提出消除或减轻隐患的具体措施。不同于事故调查，道路交通安全审计是一种预防行为。

任何一类涉及道路安全的项目，均适应于道路交通安全审计。对于公路项目，一般对以下情况进行道路交通安全审计：

（1）新建公路从规划到施工各阶段；

（2）旧路改造；

（3）交叉口改造；

（4）交通控制系统变更或交通设施变更；

（5）道路附近的产业开发；

（6）现有公路的道路安全评价。

10.2.2　交通安全审计历史沿革

道路交通安全审计起源于英国，先后传播到澳大利亚、新西兰、美国、德国和西班牙等国家。英国的公路与运输研究所（IHT）在1980年编制了对主干道进行安全检查的《事故率降低与防治指标书》，引进了"安全审查"（Checking）的概念，开始重视对道路安全性能的考察。1988年，英国政府的"道路交通计划"建议对道路实施有效的、强制性的安全评价。1991年IHT在英国较广泛地开展了道路安全评价，制订了详细的安全评价指标书，英国版的《公路安全审计指南》（*Guideline for the Safety Audit of Highways*）问世，并于1996年得到进一步修正。

2002年8月，德国制订了道路交通安全审计规范和程序，并在全国范围内推广。澳大利亚的许多州在不同层次上开展了道路交通安全审计工作，国家交通机构（Austroads）成立了一个专门的组织，致力于制订国家的道路交通安全审计指南。在新西兰，国家道路与公共交通机构（Transit New Zealand）已经认可道路交通安全审计的作用，从1993年开始，有20%的州级公路项目被要求必须进行道路交通安全审计。1994年，澳大利亚和新西兰交通局联合会（Austroads）出版了《道路安全审计》，并于2002年出版了第二版，两国已将道路安全审计作为其交通安全管理的重要方法之一。

美国是在对澳大利亚和新西兰的考察后逐步开展道路安全审计。在进行正式的道路交通安全审计之前，已开展了包括微观安全评价模型、危险区段识别与改造、各种交通设施安全性能分析、道路综合数据库等相关研究。美国联邦公路局（FHWA）2000年推出了辅助进行相关工作的"交互式公路安全设计模型"（Interactive Highway Safety Design Model）的测试版，可以作为实施道路交通安全审计的辅助决策平台。该模型集成了美国迄今为止最核心的交通安全微观数学模型，推动了《道路安全手册》（*Highway Safety Manual, HSM*）的研究与编制。2006年，美国联邦公路局（FHWA）首次颁布了《道路安全审计手册》，对于道路安全设计的目的、概念、程序和工具进行了系统指引，是一本值得借鉴的详细工作手册。

我国道路交通安全审计发展历程：20世纪90年代中期，道路交通安全审计通过两种平行的方式引入我国。第一种方式，以高等院校为主，从理论体系角度引入道路交通安全审计的理念，并着手开展理论与应用研究。研究的重心是支持道路交通安全审计的各种技术方法与定量指标，获得了一系列符合我国道路状况的道路几何线形设计、交通工程设施设置与使用、交叉口设计等的道路安全微观模型。第二种方式，通过科研项目，在工程领域开展道路交通安全审计实践。其中，具有代表性的文献包括：1999年的《道路安全审计研究初探》（王建军，周伟），2000年湖南省交通工程学会冯桂炎教授主编的《公路设计交通安全审查手册》，由交通部主持、于2004年正式发表的《公路项目安全性评价指南》JTG/T B05–2004，2007年《道路安全审计理论及应用》（许润龙等），于2016年4月1日起开始实施的《公路项目安全性评价规范》JTG B05–2015（替代了2004年版《公路项目安全性评价指南》）。

对于城市道路交通的安全审计理论与实践体系，仍然缺乏国家级的标准。可以查阅到的文献包括《城市道路安全审计工作》（王培阳，王晓辉，2005），《城市道路应当积极开展安全审计》（王培阳，2006），《城市道路安全审计探讨》（宇仁德等，2007）。然而，虽然没有国家标准，但是对于已有道路的"交通安全隐患"排查却已经在深圳坪山、龙华等区域开展，并取得了切实的效果。

10.2.3　道路交通安全审计的目的

1. 有针对性地消除安全隐患

现有的道路除极少数路段，绝大多数都符合规范与技术标准的要求，但在运营一段时间后，往往出现事故明显集中的事故多发段和事故多发点。事故多发点段的存在，说明道路规范或技术标准不能解决道路交通系统所有的安全问题，只有进行安全的专项分析，才能最大限度消除路段可能出现的安全隐患。

2. 更全面地分析安全影响因素

在传统的设计规程之外附加道路交通安全审计，可以专门针对道路交通安全进行深入的探讨和研究，能够设想各种车辆运营中可能的安全隐患，并且考虑道路各种设施之间的适配性及其在运营中呈现的动态特性。

3. 有效地扩展道路的安全空间和"宽容度"

道路交通安全审计通过对道路技术指标的回溯，能够发现碰撞风险较高的区段，然后有针对性地采取一些补救措施，从而降低碰撞发生的概率，或者减轻碰撞的严重程度。

10.2.4　道路交通安全审计过程与实施

道路交通安全审计的定义指出，道路交通安全审计的实施者必须是一个独立小组。在小组成员的选择、组织机构、业务运作方面有如下的必要条件：

1. 道路交通安全审计必须保持独立性，道路交通安全审计小组的成员应该是独立的、训练有素的安全专家，他们通常是具有多年道路工程与道路交通安全实践经验的资深人士。

2. 对审计人员必须实行严格的认定制度：道路交通安全审计员应该处在国家机构的监督和管理之下。例如，澳大利亚联邦交通机构认定道路交通安全审计员的注册应该以州为单位进行，并且注册的管理机构由州议会负责。

3. 审计小组必须保持"多专业"的结构：道路交通安全审计的一个特有功能，就是对多方式、多层次道路交通系统中的安全问题进行集成化处理。这是传统的设计规程所不具备的。因此，要求道路审计员必须来自不同交通方式机构，具备多重专业背景，这样才可以协同考虑安全问题。通常情况下，道路交通安全审计员应包含来自道路规划、道路设计、交通组织与管理等不同部门的人员。

10.2.5　道路交通安全审计的流程

道路交通安全审计的实施，一般是由拟建项目或现有项目的主管部门或业主将项目的设计成果委托给一支审计队伍进行的。委托方和项目的设计方将审计项目的相关资料提交给审计人员，审计人员通过对图纸资料审查和现场考察，利用安全检查表逐项鉴别设计中存在的不安全因素，提出修改建议，写成审计报告。通过和设计人员及委托方交换意见、讨论修改意见后，将审计报告提交给委托方。委托方对审计提出的修改意见做出裁决，将裁决意见反馈给审计人员和设计者，设计者按裁决意见对设计进行修改。

坪山实践

1.《坪山区城市道路设计指引》

作为深圳快速发展中的城区，坪山区的道路既有新建道路，也有城中村、老工业园区的既有道路，形制复杂。一方面，坪山早期的道路形制，与深圳大部分城市道路相似，大部分缺乏非机动车的专有路权。同时，坪山区工业占有较大比例，集中和分散的工业区和厂房较多，因此，道路货运交通相关安全问题也是坪山的重点。另一方面，不规范和空间狭窄的城中村道路，同样存在较大道路交通安全隐患。

坪山建区后，城市发展对于道路功能多样性和交通安全提出了全新的要求，新建道路和道路改造急需一套适合坪山的道路设计、施工指南。为从根本上提升区内道路品质，统一和优化坪山道路设计标准及相关技术指标，打造人性化、生态化、可持续发展的道路系统，坪山区先后编制了《坪山区城市道路设计指引（试行）》、《坪山区城市道路设计指引2.0（试行版）》（以下简称《指引》），并落实到已有道路微改造和新建道路的设计及建设中。

《指引》参考了纽约、上海、广州等城市道路设计的最新理念，推动道路建设向"以人为本"思想的转变，保障行人、自行车、公交路权；提出在明确道路系统的功能要求前提下，加强道路的品质化、精细化设计；强调道路设计与城市设计整体风貌的紧密结合，创新塑造坪山区"特色化"友好道路空间。

《指引》在城市道路等级的基础上，根据道路所服务的城市区域功能，形成了11类道路功能体系（表10-1），为道路精细化设计奠定了基础。由此，同一条道路的设计则可以依据道路体系表，根据其所属功能区的不同，分段进行精细化设计，形成符合其功能的断面。

道路体系表　　　　　　　　　　　　　　　　表10-1

道路等级 ＼ 道路类型	交通性	商业性	生活性	景观性
主干路	交通主干	商业大道	生活大道	景观大道
次干路	交通次干	商业干路	生活次干	景观干道
支路	——	商业街巷	生活支路	休闲支路

为了更好地指导使用者，《指引》提供了道路矩阵表，通过参考图例指导设计者正确使用道路体系（表10-2）。

道路矩阵表　　　　　　　　　　　　　表10-2

等级＼类型	交通性	商业性	生活性	景观性
主干路	龙坪路	坪山大道（锦龙大道~东纵路）	坪山大道（东纵路~行政八路）	坪山大道（行政八路~丹梓大道）
次干路		建设路	中兴路	行政八路
支路	——	牛昌路	环兴一路	公园路

在道路体系细分的基础上，《指引》考虑道路设计的综合性，引入系统化、功能化和综合化方法，根据不同的功能、几何构成和设施类型，提出了10个道路设计模块的划分，给出不同城市空间布局和不同类型道路的推荐形式和设计要点（表10-3）。

道路设计模块划分表　　　　　　　　　表10-3

序号	专业名称	专业释义
1	横断面	城市道路横断面一般由机动车道、非机动车道、人行道、绿化分隔带、路侧绿化设施带等组成
2	慢行系统	慢行系统指服务于人行和骑行的道路部分及相关区域，包括各等级道路的路侧人行道和自行车道
3	路面结构	对机动车道、非机动车道、人行道及路缘石、车止石的结构组成、材质、尺寸进行说明，突出不同道路条件下的适应性及区域特色
4	平面交叉	平面路口交叉及渠化规定
5	公交系统	指供公交车辆行驶和停靠的区域，包括公交专用道和公交停靠站
6	稳静化交通	通过降低行驶速度及限制交通量来改善驾驶行为，降低机动车对居民环境的负效应，改变行人及非机动车环境，以达到交通安全
7	智能多功能杆	是集无线通信、信息交互、智慧照明、视频监控、交通管理、环境监测、应急求助等多功能于一体的公共基础设施，可"武装"成物联网感知点，满足WiFi、数据共享、车路协同、交通诱导系统等智慧需求，并实现交通标识标牌、通信信号以及视频监控的"多杆合一"

序号	专业名称	专业释义
8	其他相关设施	市政道路相关设施主要包交通隔离设施、无障碍设施、自行车停放设施、平面过街设施及标识设施、雨水口、检查井盖等
9	缆线型综合沟及综合管廊	结合道路等级、所处区域及相关规划，建设缆线型综合沟及综合管廊，将电力、通信、给水、再生水、燃气等常规市政管线纳入缆线型综合沟或综合管廊，对市政地下管线实施统一建设和管理
10	绿化和景观	根据坪山区道路功能性质、道路划分情况、对绿化及景观要求，提出绿化指标、绿地布局、景观规划及设计要求

图10-3　现状典型道路断面（无独立非机动车道）

《指引》中对于道路交通安全的设计指引特别体现在横断面（模块1）、平面交叉（模块4）和稳静化交通（模块6）。

《指引》在横断面设计要求中，针对非机动车没有独立路权的横断面（图10-3）进行了根本性修正，充分保障非机动车和行人的独立路权，为非机动车和行人提供友好出行条件的同时，也提升弱势群体的交通安全性（图10-4）。

所有新改建道路均须按照《指引》进行设计建设。

2. 坪山道路交通安全审查

为了提升坪山的交通安全水平，全过程的交通安全管理在坪山受到了重视。

例如，为保证非机动车道设计能保障交通安全，在设计阶段，坪山区交通轨道管理中心将提交设计成果给深圳市交通运输局坪山管理局、深圳市交警支队坪山大队等行业部门进行审查。坪山区对非机动车道的设计方案进行了交通安全审查，并取得良好效果（图10-5，图10-6）。

人行道 非机动车道 辅道　　　机动车道　分隔带　机动车道　　辅道　非机动车道人行道

主路＋辅道断面形式

人行道 树池　绿化带　　机动车道　分隔带　机动车道　绿化带　树池 人行道
　　　非机动车道　　　　　　　　　　　　　　　　　　非机动车道

双幅及多幅路断面形式

人行道 树池　　机动车道　　　机动车道　　树池 人行道
　　非机动车道　　　　　　　　非机动车道

单幅路断面形式

人行道 树池　机动车道 机动车道　树池 人行道
　　非机动车道　　　　非机动车道

单幅路断面形式

图10-4 《指引》要求的典型道路断面（独立非机动车道）

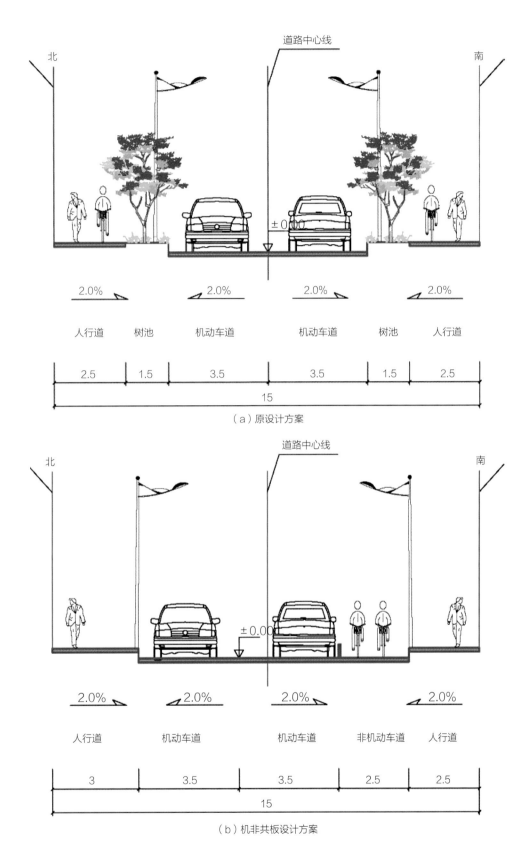

（a）原设计方案

（b）机非共板设计方案

图10-5　坪山区竹坑路设计方案非机动车道安全审查

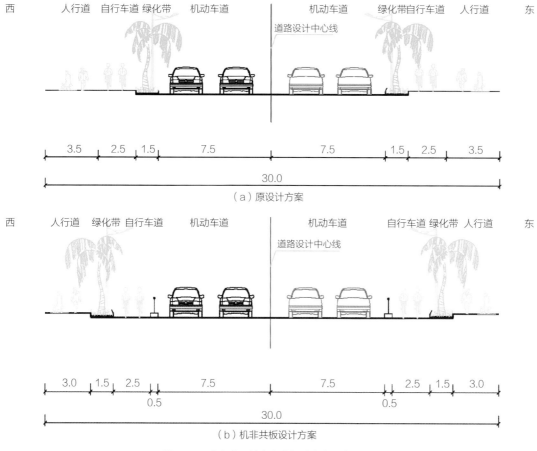

西　　人行道　自行车道　绿化带　　机动车道　　　　　机动车道　　绿化带自行车道　人行道　　　东

道路设计中心线

3.5　　2.5　　1.5　　　7.5　　　　　7.5　　　1.5　　2.5　　　3.5

30.0

（a）原设计方案

西　　人行道　绿化带　自行车道　　机动车道　　　　　机动车道　　　自行车道 绿化带 人行道　　　东

道路设计中心线

3.0　　1.5　　2.5　　　　7.5　　　　　7.5　　　　2.5　　1.5　　3.0

0.5　　　　　　　　　　　　　　　　　　0.5

30.0

（b）机非共板设计方案

图10-6　龙兴路设计方案非机动车道安全审查

　　同时，在运营阶段，坪山区开展了广泛的交通安全审查——道路交通安全隐患排查，努力降低辖区道路交通安全风险（见第11章）。

10.3　本章小结

　　对于城市道路交通的安全审查理论与实践，在国家层面仍未形成普遍标准。坪山区集全区之力，整合各部门资源，多部门联合编制《坪山区城市道路设计指引2.0（试行）》，并开展道路设计方案安全审查工作和道路交通隐患排查工作，形成了具有坪山特色的交通安全审查经验与实践，为交通安全审查在中国的实践积攒了宝贵经验。

第11章 纠根控源，系统排查

道路交通事故的成因主要分为两类，即主观因素和客观因素。主观因素主要是指人为因素；而客观因素包括车辆、道路、交通、气候等因素。因此，科学的隐患排查及切实有效的隐患治理是改善道路交通客观条件的有效方式，也是提高道路交通安全水平的方向之一。

11.1 科学指导系统排查

11.1.1 城市道路交通安全隐患排查简介

美国著名安全工程师海因里希曾提出过300：29：1的"海因里希法则"。该法则运用在安全管理上，可以理解为在1起重大事故背后往往有29起轻微事故，以及300起未遂事故、隐患及不安全行为。了解"海因里希法则"的目的，是通过分析事故成因，消除和减少隐患及轻微事故，把重大事故消灭在萌芽状态。城市道路交通安全隐患排查就是发现识别城市道理交通系统中存在的"不安全因素"，并对"不安全因素"的危险性划分等级，分类提出整改措施，以提高城市道路交通的安全性。

自2010年以来，中国城市机动化快速发展，城市道路急速扩张，城市道路交通事故的死亡人数迅速上升，对城市交通安全的重视上升到前所未有的高度。在此背景下，坪山区于2018年编制和发布了《深圳市坪山区道路交通安全隐患排查整治技术指引》，并在此基础上在全区开展了全面的道路交通安全隐患排查。

11.1.2 城市道路交通安全隐患排查原则

开展道路交通安全隐患排查应遵循以下主要原则：

1. 基于历史事故的排查及主动识别风险的排查相结合

道路交通安全隐患排查包括当前的历史事故高风险点段和将来死亡和重伤事故可能发生的点段。隐患排查采用基于历史事故和主动风险识别相结合的方法，降低道路安全风险。

2. 宏观与微观相结合的原则

交通事故是一系列事件和状况的结果（并非单个因素），对道路交通安全设施、道路环境开展隐患排查应结合道路所在片区出行特征、周边用地状况、交通类型（过境交通和生活交通）、道路与周边路网联系等统一考虑。

3. 全天候视认条件相结合原则

道路交通具有全天候的特点，道路隐患排查工作需要采用日间与夜间相结合、晴朗天气与恶劣天气相结合、逆光与背光相结合的方式。例如由于夜间视线差，行人与非机动车不容易被看见，因此黄昏或夜间事故较多点或道路，夜间安全隐患排查比较必要。

4. 动态与静态相结合原则

由于道路服务于所有道路使用者（行人、非机动车驾驶员、机动车驾驶员、乘客），开展道路安全隐患排查时，一方面需要站在行人角度去观测；另一方面需要站在非机动车驾驶员与机动车驾驶员动态的角度去观测。

5. 重点与一般相结合原则

道路交通安全隐患排查过程中应注意一般路段与重点路段、一般内容与重点内容相结合的方式进行排查，遵循对事故黑点、重要路段、典型路段重点排查，整条道路全面系统排查的原则。

6. 专项排查与责任部门日常排查相结合原则

城市道路安全隐患排查工作应该与道路安全管理部门的日常管理、专项检查和监督检查等工作相结合，可整合以下方式进行。

（1）日常隐患排查：日常隐患排查主要是隐患排查人员在道路上的日常巡回检查。

（2）综合性隐患排查：综合性隐患排查是指以保障道路安全为目的，以安全责任制、各项专业管理制度和安全生产管理制度落实情况为重点，各有关专业和部门共同参与的全面检查。

（3）专业性隐患排查：专业隐患排查主要是指对路线、路基路面、交叉口、桥梁、隧道、公共停车场和城市广场、交通标志标线、信号灯、防护设施、绿化设施、监控设备等交通子系统分别进行的专业检查。

（4）季节性隐患排查：季节性隐患排查是指根据各季节特点开展的道路专项隐患检查，主要包括：春季以防雷、防汛期、防干燥着火、防触电、防高空坠物为排查重点；夏季以防雷暴、防交通设备高温超压、防台风、防洪为排查重点；秋季以防雷暴、防火、防台风为排查重点。

（5）重大活动及节假日前隐患排查：重大活动及节假日前隐患排查主要是指在重大活动和节假日之前，对交通基础设施设备是否存在异常状况和隐患、备用设备状态、应急物资储备、保运力量安排、应急工作等进行的隐患排查，特别是要对节假日期间交通疏导、交通监控、交通信息发布、交通客流量预测等工作进行重点检查。

（6）事故类比隐患排查：事故类比隐患排查是对城市道路系统内发生道路事故后的举一反三的安全检查，可以使隐患排查工作更具针对性，有效减少同类事故的再次发生。

7. 定期排查与不定期排查相结合原则

基于以上不同的排查类型，道路交通安全隐患排查宜采用定期与不定期相结合的方式开展。相关的频次建议如下：

（1）道路安全管理部门应结合安全责任制检查，至少每周组织一次安全排查，并和日常安全巡回检查及事故记录信息中发现的隐患一起进行汇报；

（2）道路安全管理部门应根据季节性特征及道路安全的实际情况，每季度开展一次有针对性的季节性隐患排查；重大活动及节假日前必须进行一次隐患排查；

（3）专业的道路隐患排查工作至少每半年举办一次，基层部门至少每季度组织一次综合性隐患排查和专业隐患排查，两者可结合进行；

（4）当获知城市道路发生伤亡事故或其他道路交通事故时，应举一反三，及时进行事故类比隐患专项排查；

（5）对于不经常发生交通事故的路段，可根据实际变化情况确定排查周期，如果发生事故，应及时进行同类隐患排查。

此外，当发生以下情形之一，道路安全管理部门应及时组织进行相关专业的隐患排查工作：

（1）颁布实施有关城市道路的新法律法规、标准规范或原有适用法律法规、标准规范重新修订的；

（2）发生城市道路安全事故或对城市道路安全事故、事件有新的认识和理解；

（3）气候条件发生大的变化或预报可能发生重大自然灾害；

（4）交通设施设备、标志标线、监控设备、防护设施等基础设施设备发生重大的参数改变，应按变更管理要求进行安全风险排查。

11.1.3 城市道路交通安全隐患排查准备

开展道路交通隐患排查应在一个统一的技术标准下进行，在排查前应明确所遵循的技术标准，或制定符合所在地区城市道路实际情况及出行和事故特征的排查技术指引，以引导相关排查的执行者科学地开展安全隐患排查工作。

在开展现场排查前，建议进行以下活动，以保障现场排查的高效性：

1. 排查小组提前了解排查地道路事故的历史数据和排查地城市道路的交通特征资料，通过分析上述资料，提前了解排查地道路交通的道路分布现状、交通流组织现状、事故黑点分布等内容；

2. 排查小组审核道路隐患现场排查表、预期排查角色分配和调查结果，使现场排查工作能在最短时间内开展；

3. 编制一个现场排查表来确定现场排查的次数和每次排查进行的时间；如果可能的话，应该设有两个实地排查时间段：一个在白天排查，另一个在夜间排查。通过这样的方式来保证城市道路的夜间行车安全，减少夜间道路交通事故的发生。

道路交通隐患排查需准备排查道路的道路情况资料、摄像或录像设备、测量工具、手机记录APP或微信小程序或记录本、交通计数器、安全防护装备等工具。在现场进行安全隐患排查时，还需要准备排查记录表，对现场情况进行详细记录（表11-1）。

坪山区道路交通安全隐患排查治理表   表11-1

填报单位：   填报人及联系方式：   填报时间：

序号	隐患编号	所在区街道	隐患点名称	隐患类型	问题描述	整改建议	整改计划期限	整改责任单位	整改进度情况	跟班责任人及电话	整改前图片	整改后图片	结束时间

说明：1. 隐患编号设置格式，格式：区+街道名称拼音缩写+排查日期。同一隐患点重复报送时只采用一个编号。2. 所在区街道填写内容：区名缩写+街道名缩写+街道方向。3. 隐患类型分为九类重点，（1）近期发生过伤亡事故的所有路段；（2）"三标一护"、隔离设施等道路交通安全设施未设置或设置不合理隐患路段；（3）绿化遮挡标牌、照明不足等隐患路段；（4）有隧道隐患的路段；（5）信号灯、电子警察等交通监控设施缺失或损坏，尚未移交或尚未启用道路交通信号灯的隐患点段；（6）占道施工隐患（包括由施工引起的所有安全隐患）路段；（7）人行道、非机动车道被占用或机非未分离隐患路段；（8）易产生逆行或交通冲突点隐患路段；（9）其他隐患（包括道路积水、低洼、车辆违规停放等）路段。4. 治理级别按函办单位分为市级、区级、街道三级，并标明"一般"事故隐患和"重大"事故隐患（举例：区级-重大）。

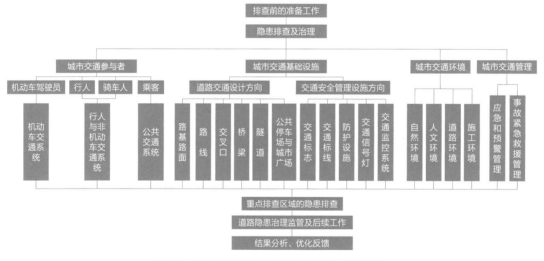

图11-1 坪山区城市道路安全隐患排查内容框架

11.1.4 城市道路交通安全隐患排查内容

城市道路交通安全隐患排查内容包括人、车、路（设施）、环境、管理等影响交通安全的相关要素。《深圳市坪山区道路交通安全隐患排查整治技术指引》基于坪山区区情及城市道路安全隐患的历史数据资料，制定了以城市交通参与者、城市交通基础设施、城市交通环境和城市交通管理四大维度20项具体内容为框架的排查体系（图11-1）。

1. 与交通参与者相关的道路隐患排查

城市交通参与者主要是机动车驾驶员、行人、非机动车驾驶员以及乘客四个方面。其中，机动车交通系统承担着机动车驾驶员的交通活动，行人和非机动车交通系统承担着行人、非机动车驾驶员的交通活动，而公共交通系统则主要承担乘客的交通活动。所以，交通参与者相关的排查内容主要包括：机动车交通系统、行人和非机动车交通系统、公共交通系统三个方面。

2. 城市交通基础设施的隐患排查

城市交通基础设施分成道路交通设计和交通安全管理设施两方面。道路交通设计方面的排查内容主要包括：路线、路基路面、交叉口、桥梁、隧道、公共停车场和城市广场。交通安全管理设施方面的排查内容主要包括：交通标志、交通标线、防护设施、交通信号灯、交通监控系统、道路照明及变配电、管理设备。

3. 城市道路交通环境的隐患排查

城市道路交通环境是规定或限定人们交通行动的各种外界或内在条件。城市道路交通环境可分为自然环境、道路环境、人文环境和道路施工环境。城市道路交通环境作为城市道路事故的间接原因，对城市道路交通安全的影响不容忽视。

4. 城市道路交通安全管理的隐患排查

城市道路交通安全管理排查分为两个部分：应急和预警管理排查、事故紧急救援排查。

5. 重点区域的隐患排查

除以上四大维度外，坪山区还针对城中村道路和学校周边道路等重点排查区域，制定了人车流量大、事故频发区域的隐患排查和治理细则。

针对以上各要素的具体排查，坪山区在《深圳市坪山区道路交通安全隐患排查整治技术指引》中规定了具体的排查内容和整改措施。相关排查内容都以"检查清单"（checklist）的形式予以列举，确保对每个点段的检查能够考虑到所有的因素。这种检查清单的形式也是世界各国所普遍采用和推荐的形式。以"交通信号灯"排查清单为例（表11-2），通过对交通设施各项安全要素的排查，记录相关交通设施存在的安全隐患，结合现场照片及整改建议，形成隐患清单。

交通信号灯设施排查指引　　　　　　　　　　　　　　　　　　表11-2

排查对象	序号	排查内容	整改建议
交通信号灯	1	交通信号灯能否被道路使用者清晰、准确地识别，能否保障车辆和行人安全通行	1. 维修不清晰的交通信号灯 2. 更换破损严重的交通信号灯 3. 加强日常安全检查和维护
	2	交通信号灯的配置是否与道路交通组织相匹配，是否有利于行人和非机动车安全通行	1. 车流量大的路段增设交通信号灯 2. 车流量小的路段减少交通信号灯 3. 交通部门加强日常巡逻和管理 4. 根据交通流进行信号灯相位的配时
	3	交通信号灯设备是否安全可靠，能够长期连续运行。当交通信号灯设备出现故障时，任何情况下能否不出现相互冲突的交通信号	1. 更换有危险的交通信号灯设备 2. 及时维修出故障的交通信号灯设备 3. 加强日常管理 4. 制定紧急情况下的应急预案，安排人员现场指挥

续表

排查对象	序号	排查内容	整改建议
交通信号灯	4	交通信号灯的视认范围内是否存在盲区	1. 拆除存在盲区的交通信号灯 2. 合理位置重新设置交通信号灯
	5	可变车道、收费口和检查通道是否设置车道信号灯	1. 设置车道信号灯 2. 增设警示、提醒标志
	6	全封闭道路中实施控制的匝道，是否设置匝道控制信号灯	1. 设置匝道控制信号灯 2. 增设警示、提醒标志
	7	行人信号灯是否有倒计时显示或者闪烁提示，倒计时或闪烁提示时间能否保证行人安全通过路口	1. 及时维修出故障的交通信号灯 2. 设置注意行人等警告标志 3. 交通部门加强日常巡逻和管理
	8	交通信号灯及其安装支架是否侵入道路建筑限界	1. 拆除侵入道路建筑限界的交通信号灯及其安装支架 2. 在合理位置重新安装交通信号灯及其支架
	9	协调控制范围内的各路口交通信号配时参数，是否根据交通流量和流向确定，能否满足区域协调控制的要求	1. 车流量大的路段增加交通信号配时 2. 车流量小的路段减少信号灯配时 3. 行人过多时需要设行人过街相位 4. 左转车辆过多时需要设左转相位
	10	交通信号控制系统是否设置监控中心	设置监控中心，安排人员进行实时监控，及时发现问题、解决问题

11.2　隐患分类分级治理

11.2.1　隐患分类分级

为提高隐患的治理效率和效果，在系统开展道路交通安全隐患排查后，需要对形成的隐患清单和整治建议清单进行进一步分类与分级。隐患分类一方面能便于更好地掌握辖区的主要隐患类型，指导治理及相关交通政策制定的方向，同时也便于后续的集中整治，可将同类问题进行捆绑打包立项治理，或移交相关责任单位开展治理。

隐患分级是为了判断隐患的危险等级，实现道路交通安全风险的分级管控。城市道路安全隐患的危险等级分为一般事故隐患和重大事故隐患，使治理措施的制定更加具有针对性。

在隐患治理中，建议通过"微设计、微改造"的方式开展因地制宜的治理。此类措施具有投入少、见效快、对于道路交通整体运行影响小等特点。但部分隐患，特别是部分重大隐患，通常需要较大投入的工程改造措施进行整治。此类工程措施通常需要较长的项目立项及前期工作时间，但重大隐患从发现到治理的时间差是风险较高的时间段。对于重大隐患在实现完全治理前，建议也可采用临时性微改造措施降低风险，同步推动相关工程的立项与实施。

以交叉口人行二次过街岛岛头防护水平低的隐患为例，此类隐患风险较高，在此位置一旦车辆失控或司机驾驶出错很容易发生群死群伤的恶性事故，例如深圳市曾发生因小汽

| 现状 | 微改造措施：岛头处增加防撞反光砂桶 | 工程性措施：深圳市交通运输局开展专项提升，改造为防护型岛头 |

图11-2　二次过街岛隐患分步治理示意

车在路口失控，撞向过街安全岛的行人，导致3死7伤的事故。为此，深圳市交通运输局出台了《二次过街岛、渠化岛设施完善方案》，大幅提升了二次过街岛岛头的防护水平。但要实现高标准的二次过街岛建设需大量的资金投入，且还需开展项目立项、设计、采购、施工等诸多工作，历时较长。因此在发现隐患后，短期可先在岛头处设置防撞砂桶，提升二次过街岛的可视性，并为行人提供一定保护，同时还可以在信号上采取优化信号相位与配时的方式，减少行人在路中的聚集和等候，降低恶性事故风险；同步可以推动相关工程性改造纳入计划或立项实施，以此实现重大隐患的分步式治理（图11-2）。

11.2.2　隐患清单化治理

在完成隐患排查和隐患分级分类后，要形成隐患清单、责任清单及整改清单，移交相关责任部门在规定时间内治理。对于隐患的治理效果要有相关的跟踪和评估，以确保隐患的彻底治理。对于暂不具备改造条件的隐患，要纳入延后治理的专用项目库，在条件成熟后予以实施。

深圳市实施了"市—区—街道"三级督办治理机制，确保隐患的排查和治理形成闭环。在隐患治理和督办方面，未来可充分发挥技术手段的优势，搭建道路交通安全隐患治理平台，对隐患的收集—现场排查—治理任务的派遣—验收实施全过程管理。相关平台也能为隐患的统计、道路点段风险的评估、隐患的治理效果提供较好的数据支持。

坪山实践

2018年，坪山区道路交通安全形势相比往年异常严峻，事故起数和死亡人数同比均有大幅上升。为强化道路交通隐患排查治理，提升道路交通安全管理水平和事故预防能力，马峦街道成立专项工作组，在科学编制道路交通安全隐患排查整治技术指引的基础上，对辖区道路和设施进行安全隐患排查和风险分析，形成安全评估报告，为消除道路交通安全隐患，全面提升交通安全水平提供有力支撑。

由专项行动小组对马峦街道4个社区"城中村"道路和辖区内坪山大道、比亚迪路、东纵路、坪环路等30条市政道路及沿线的道路交通设施开展了历时7天的排查，基本实现对辖区道路的检查全覆盖。排查出的隐患在街道和相关区级责任部门的共同努力下得到了有效治理，同时也形成了"微设计、微改造"原则、改"锐角相交"为"直角相交"等一批有价值的经验，道路交通安全治理"马峦模式"被深圳全市推广学习。

11.3　本章小结

道路交通安全隐患排查工作方式的建立，是道路安全系统方法在坪山实践中的重要体现。通过建立主动的道路安全隐患排查及整改机制，坪山区在道路安全治理中扭转了交通事故发生后再追溯原因的被动局面，努力将道路交通安全风险扼杀于萌芽之中，有效地提升了辖区内道路交通安全水平。

第12章 建立敏捷实施、常态化治理的机制

交通安全整治，是一项复杂而长期的系统工程。坪山区正处于大开发、大建设时期，路网建设大幅提速，交通需求日益增长，道路交通安全形势非常严峻。为全面统筹协调推进道路交通安全管理工作，有效预防和降压道路交通事故，在区内营造安全、稳定、有序的道路交通环境，坪山区创新工作机制，探索出交通安全"微设计、微改造"等交通安全共建共治共享机制，切实解决民生交通热点难点问题。

12.1 "微设计、微改造"常态化治理机制

为全面提升道路交通安全管理水平和事故预防能力，坪山区先行先试，以马峦街道为试点，强化道路交通安全治理顶层设计，构建科学系统的排查整治技术指引，首创道路交通安全"微设计、微改造"机制（图12-1），形成共建、共治、共享的道路交通安全治理新格局。

12.1.1 部门联动，明确职责，推进道路交通安全管理体系建设

坪山区高度重视道路交通安全管理体系建设，2018年成立了由区委常委、常务副区长挂帅，30余个成员单位组成的坪山区道路交通安全委员会，并推动交通安全工作向下延伸，逐步构建"区—街道—社区—企业"四级交通安全工作机制，在6个街道分别成立交

图12-1 全市道路交通安全工作坪山马峦现场交流会

图12-2　坪山区社区交安站

通安全管理委员会办公室，进一步强化街道在道路交通安全领域的综合协调管理责任。

在全区六个街道建立交通安全管理委员会办公室的基础上，推进社区交安站、园区（企业）交安站建设，配齐人员队伍，细化明确交安站查、宣、排、劝、联、服、督、报8项职责，配置车驾宝、好易通等警务设施，把交安站打造成集隐患排查、宣传教育、服务群众于一体的综合平台（图12-2）。同时，在居民小区、公用设施、商业广场等出入岗亭设置交通安全劝导点，配置安全头盔、交通安全宣传单张等物资，把安全守护到群众的最近处。

以比亚迪交安站为例，其与交警部门建立警企联动处罚机制，交警部门将路面查处的员工信息通报给企业，由企业对违法员工进行内部处罚和批评教育。同时，企业通过制定相应的道路交通和车辆管理制度强化内部管理，提升了园区道路交通的安全性，自2018年以来，拥有数万名员工的比亚迪坪山园区实现交通事故"零"发生。

12.1.2　整合"条""块"资源，建立齐抓共管治理新格局

针对安全管理分散的问题，坪山区创新工作机制，着力打破"条"和"块"的边界，优化解决街道受限于具体权限"管不了"、区属部门受限于人员编制"沉不下来"的矛盾，建立"街道领衔、部门唱戏"齐抓共管治理新机制。

以2020年为例，坪山区交通轨道管理中心通过交通事故数据分析、民生诉求、机关反馈、现场调研等多渠道问题反馈机制，挖掘交通安全隐患根源问题，根据先急后缓、统筹兼顾原则，分批实施微改造项目。联合深圳市交通运输局坪山管理局、深圳市交警支队坪山大队及各相关街道等部门，对亡人事故点段进行现场调研，分析原因并优化整治方案，及时完成交通安全隐患整治工作，并举一反三排查同类安全隐患，及时进行整治（图12-3）。

12.1.3　明确"微设计、微改造"工作流程和实施机制

针对微改造工作实施协调难度大、经费不足、实施机制不健全等问题，坪山区交通轨道管理中心于2020年6月印发了《坪山区道路交通安全保障微改造工作管理办法（试行）》，

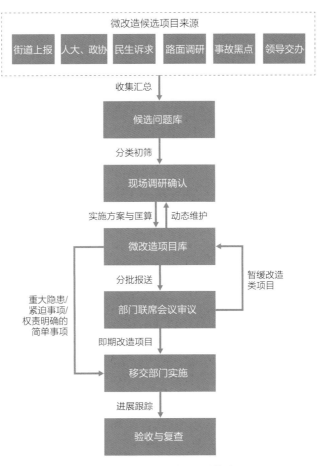

图12-3 坪山区微改造项目实施流程

明确了微改造工作中人、财、物等各方面力量保障和各部门职责分工，保障道路交通安全微改造工作的常态化实施。具体的工作流程如下：

1. 坪山区交通轨道管理中心组织开展微改造项目前期调研和设计工作，初步确定当年度拟开展的微改造项目清单及项目匡算，通过组织召开联席会议审议确定微改造内容，项目移交深圳市交通运输局坪山管理局实施。

2. 深圳市交通运输局坪山管理局组织实施微改造项目。

3. 深圳市交通运输局坪山管理局合理制定任务实施时间表，组织服务单位按年度计划，实施微改造工作。对项目的质量、安全、进度和合约进行管理，按项目实际进度及相关申请支付微改造工作经费。

4. 微改造工程实行分批验收，验收由深圳市交通运输局坪山管理局组织，坪山区交通轨道管理中心、深圳市交警支队坪山大队参加，根据需要可邀请其他相关单位参加。

5. 深圳市交通运输局坪山管理局组织编制项目结算资料，报财政局备案，完成项目信息归档工作。

12.2   交通安全整治行动

在"微设计、微改造"常态化治理机制下，坪山区以系统观念整合各方资源，动员引导各方力量，多次开展道路交通安全整治行动。

2021年3月，按照《深圳市系统防范化解道路交通安全风险工作方案》部署以及省、市道路运输安全专项整治三年行动的工作安排，坪山区安全管理委员会联合坪山区道路交通安全委员会印发了《坪山区系统防范化解道路交通安全风险工作方案》，共制定100项工作措施，包括做强基层道路交安工作、完善慢行系统建设、道路交通安全隐患排查整治、落实重点车辆管理措施、高风险路段整治、社区开展交通安全知识讲座等。

2021年4月，坪山区交通轨道管理中心印发了《深圳市坪山区交通微创新微整治民生实事工作方案》。通过融入"微设计、微改造"的工作理念，以年度民生实事形式开展道路交通安全专项治理、道路交叉口综合整治、慢行系统完善、货运通道专项整治、占道施工道路管理提升等十大行动、十九项措施，会同深圳市交通运输局坪山管理局、深圳市交警支队坪山大队等相关部门，着力解决一批社会重点关注的交通民生热点难点问题，切实提升市民出行的安全感，交通出行环境得到一定程度的改善。

2021年8月，坪山区道路交通安全委员会办公室印发了《关于深入推进党史学习教育"文明交通我先行，党员带头保畅通"十大专项行动的通知》，行动方案涵盖校园周边、占道施工、事故高发路段隐患清零、重点车辆整治等交通安全管理事项，针对每一项行动梳理了相关清单措施，明确责任单位。方案印发后，各相关单位完成整治道路交通拥堵、违停路段点位16处、近3年重点道路交通亡人事故道路隐患24处、占道施工点位77处、开设路口44处、低洼积水点位13处，排查重点运输企业40家、汽修企业165家、校车171家；随后，各单位开展"隐患回头看"、违停治堵等专项行动，进一步对道路交通安全隐患进行排查整治，不断提升交通安全环境。

12.3   本章小结

坪山区依托区道路交通安全委员会，积极探索道路交通安全"微设计、微改造"的常态化治理机制，并不断丰富和完善工作机制，通过整合各方资源和力量，建立多渠道问题反馈机制，实现道路安全隐患及时发现、及时整治、"微设计、微改造"治理理念不断迭代提升，达到快速消除隐患、及时提升道路交通安全和出行品质的效果。

第13章 结语与展望

安全有序的交通环境有利于提升市民的幸福感、安全感和获得感，同时有利于提升城市品质和竞争力。提升城市交通安全，减少城市道路交通事故死亡和重伤人数，已成为各城市持续开展的日常工作。它既需要持续推进基础设施的建设，也需要有交通安全治理手段、事故风险归因识别的积累；既需要常态化的隐患排查机制，以"绣花功夫"精准施策，提升城市道路系统安全水平，也需要对城市风险节点、重点场景集中进行专项整治，持续提升城市交通设施建设管理水平。

长期以来，我国交通安全干预对策大多是应对道路使用者的违法行为，主要采用教育和执法手段来加以约束和控制。本书的宗旨是在道路交通设施安全治理中更加强调"以人为本"的理念，即承认人本身的能力具有局限性，并在道路交通系统的规划设计和运营管理中充分适应人的能力和缺陷，引导道路使用者减少由于认知错误导致的非故意危险行为，从而实现交通事故的主动预防。根据人的行为习惯、生理结构、心理情况和思维方式等，在原有设计基本功能和性能的基础上，对建筑物和环境进行优化，并根据不同群体的使用需求为道路设计定向，对慢行交通、静态交通、机动车交通和沿街活动进行统筹考虑、精心设计，最大限度地满足行人对交通活动的需求，推动道路建设管理理念从"以车为本"向"以人为本、人车共享"转变。

2018年以来，坪山区道路交通安全事故整体呈下降态势。其中2020年亡人事故数为14人，较2018年下降42%（图13-1）。这3年期间坪山区的人口增加了10.47万，增幅为23%（图13-2）；GDP增长了103亿，增幅为15%（图13-3）。人口与经济的大幅增长带来区域

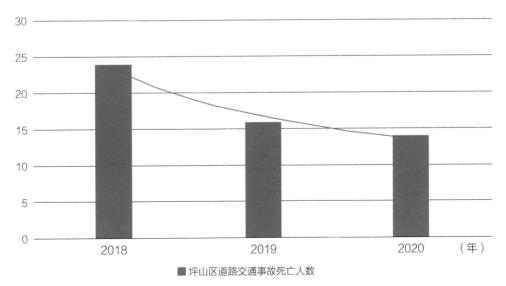

图13-1 坪山区2018—2020年交通事故数据

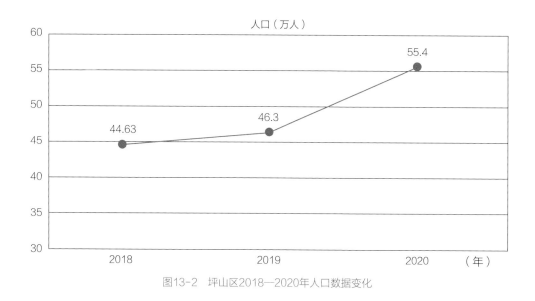

图13-2　坪山区2018—2020年人口数据变化

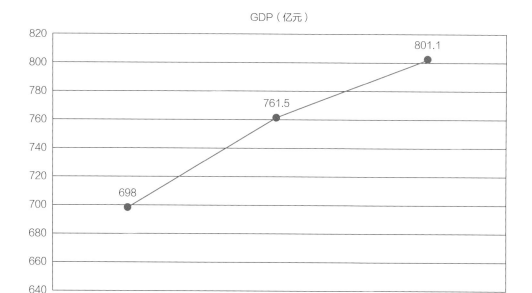

图13-3　坪山区2018—2020年GDP变化

出行量的激增，而坪山区整体道路交通安全状况仍呈上升趋势，道路交通设施安全治理取得了初步成效。

　　本书以坪山区道路交通设施安全治理实践为例，介绍了一系列系统性道路安全改善措施。近年来，坪山区编制印发了《坪山区道路交通安全隐患排查整治技术指引》《坪山区道路交通安全保障微改造工作管理办法》《坪山区城市道路设计指引2.0（试行）》等文件，从完善慢行系统，到改造道路交叉口；从完善货运通道交通设施，到提升占道施工管理水平；从改善城中村交通安全问题，到推动缓解城市停车难问题，以及加快交通基础建设等，重点聚焦市民出行的难点、热点问题，后续还将持续发力提升辖区交通安全水平，改善交通出行环境，提升市民生活品质。

　　经过多年的实践和探索，我们深刻认识到，交通安全治理工作应构建本质安全的道路交通系统，根据相应交通特征和风险隐患，持续推进交通安全治理。希望能够通过本书推行道路交通安全治理理念，系统、持续推进交通安全治理工作，最大限度减少交通事故死亡和重伤人数。

参考文献

[1] 世界卫生组织. 2018年全球道路安全状况报告[R]. 瑞士，日内瓦：世界卫生组织，2019.

[2] 联合国，2030年可持续发展议程[R]. 美国，纽约：第70届联合国大会，2015.

[3] WHO，Global health estimates [EB]，2022.

[4] 徐耀赐. 道路交通工程设计理论基础[M]. 北京：人民交通出版社股份有限公司，2020.

[5] 李威. 城市道路安全审图与排查技术及应用[M]. 上海：同济大学出版社，2021.

[6] SWOV. Sustainable Safety 3rd edition–The advanced vision for 2018-2030[R]. Netherlands: SWOV, 2018.

[7] Statista Research Department.Number of road traffic fatalities in the Netherlands from 2006 to 2020[EB], 2022.

[8] Transport for London.Casualties in Greater London during 2019[R]. LONDON: TfL, 2020.

[9] Transport for London.Safe Streets for London, The Road Safety Action Plan for London 2020[R]. LONDON: TfL, 2013.

[10] Singapore police force. Features[EB], 2022.

[11] 同上。

[12] 中国台湾省. 2020运输政策白皮书[R]. 中国台湾省，2018.

[13] 深圳市交通运输局坪山管理局. 坪山区综合交通"十四五"规划[R]. 深圳：深圳市交通运输局坪山管理局，2022.

[14] 智研咨询. 2021年中国电动自行车行业现状分析[EB]，2022.

[15] 深圳市交通运输局坪山管理局. 坪山区慢行系统（自行车道）规划及打造自行车友好城区实施方案研究报告[R]. 深圳：深圳市交通运输局坪山管理局，2019.

[16] CJJ 37—2012，城市道路工程设计规范[S]，2012.

[17] GB/T 51439—2021，城市步行和自行车交通系统规划标准[S]，2021.

[18] 大卫·西姆. 柔性城市：密集·多样·可达[M]. 中国建筑工业出版社，2021.

[19] 深圳市交通运输委员会. 深圳市道路设计指引[R]，深圳：深圳市交通运输委员会，2017.

[20] STG 69—2020，深圳市道路设计标准[S]，2020.

[21] 深圳市规划和自然资源局，深圳市交通运输局. 深圳市步行和自行车交通系统规划设计导则[R]，深圳：深圳市规划和自然资源局，深圳市交通运输局，2020.

[22] 前瞻产业研究院. 产业大数据[EB]，2022.

[23] 坪山区交警大队. 坪山区2015年交通事故统计数据[DB/CD]. 深圳：坪山区交警大队，2022.

[24] 深圳市综合交通设计研究院. 深圳市过境与疏港货运交通组织规划及实施方案[R]. 深圳：

深圳市交通运输委员会，2006.

[25] 百度知道. 护栏分为刚性和柔性护栏，说明这两种护栏的力学特征及交通安全的应用 [EB]，2011.

[26] GB 50688—2011，城市道路交通设施设计规范（2019年版）[S]，2019.

[27] 绿化工程. 浅谈城市道路两旁绿化设计[EB]，2017.

[28] 谢玉洪，雷正保，李海侠等. 高速公路防撞护栏的研究现状与发展趋势[J]. 工程建筑与 设计，2003.

[29] HUFFPOST. [EB]，2022.

[30] 新民晚报. 拼了！为了遏止"包饺子"事故，这个区一口气改造了722个路口[EB]，2021.

[31] 齐鲁晚报. 大货车右转必停，济南交警开出首张罚单[EB]，2021.

[32] 中国建筑学会. 建筑设计资料集. 第七分册[M]. 北京：中国建筑工业出版社，2017.

[33] 巩建国，刘金广. 我国城市道路"掉头车道"应如何设置[J]. 汽车与安全，2019（09）： 87-91.

[34] 深圳市交通运输局. 人行横道及停止线设置指引（试行）[S]，2022.

[35] 徐耀赐. 交叉路口的安全风险因素有哪些安全风险改善的基本策略是什么[J]. 汽车与安 全，2019（02）：96-103.

[36] 坪山区交警大队. 坪山区2016年交通事故统计数据[DB/CD]. 深圳：坪山区交警大队， 2022.

[37] 上海市规划和国土资源管理局，上海市交通委员会. 上海市街道设计导则[M]. 上海：同 济大学出版社，2016.

[38] NACTO. Urban Street Design Guide[EB]，2022.

[39] 杭州市综合交通研究中心. 浙江省城市道路人行过街设施规划与设计规范[S]，2008.

[40] DBJ 50/T-278—2018，重庆市城市道路人行过街设施设计标准[S]，2018.

[41] 李卉. 基于使用者行为模式的广州小学通学道设计研究[D]. 华南理工大学，2015.

[42] GB 5768.8—2018，道路交通标志和标线第8部分：学校区域[S]，2018.

[43] 智库研究. 他山之石|村城共生：深圳城中村改造研究[EB]，2021.

[44] 刘育斌，李鑫，李安勋."城中村"交通拥堵和隐患治理提升对策研究——以深圳布吉长 龙片区为例[J]. 交通与运输，2021，34（S1）：201-205.

[45] 高雪松. 传统开放社区空间特性研究与交通系统优化[D]. 山东大学，2019.

[46] 巩建国，朱建安. 城市占道施工精细化交通管理对策研究[J]. 汽车与安全，2018（05）： 74-78.

[47] 巩建国，戴帅. 城市道路占道施工交通管理对策研究[J]. 交通标准化，2014.